Viva Bem a Velhice

Aprendendo a Programar a Sua Vida

Dados Internacionais de Catalogação na Publicação (CIP)
(Câmara Brasileira do Livro, SP, Brasil)

S639v Skinner, Burrhus Frederic, 1904-
Viva bem a velhice : aprendendo a programar a sua vida ; B. F.
Skinner e M. E. Vaughan ; (tradução de Anita Liberalesso Neri). -
São Paulo : Summus, 1985.

1. Envelhecimento 2. Velhice 3. Velhice - Aspectos sociais
4. Velhos - Psicologia 5. Velhos - Relações familiares I. Vaughan, M. E. II. Título

```
                                        CDD-155.67
                                            -301.427
                                            -301.435
         85.1443                            -612.67
```

Índices para catálogo sistemático:

1. Envelhecimento : Fisiologia humana : Ciências médicas   612.67
2. Velhice : Aspectos sociais : Sociologia   301.435
3. Velhice : Psicologia   155.67
4. Velhos : Aspectos psicológicos   155.67
5. Velhos : Relações familiares : Sociologia   301.427

Compre em lugar de fotocopiar.
Cada real que você dá por um livro recompensa seus autores
e os convida a produzir mais sobre o tema;
incentiva seus editores a encomendar, traduzir e publicar
outras obras sobre o assunto;
e paga aos livreiros por estocar e levar até você livros
para a sua informação e o seu entretenimento.
Cada real que você dá pela fotocópia não autorizada de um livro
financia o crime
e ajuda a matar a produção intelectual de seu país.

Viva Bem a Velhice

Aprendendo a Programar a Sua Vida

**B. F. Skinner
M. E. Vaughan**

summus
editorial

Do original em língua inglesa
ENJOY OLD AGE
A Program of Self-Management
Copyright © 1983 by B. F. Skinner e Margaret E. Vaughan
Direitos desta tradução adquiridos por Summus Editorial

Tradução: **Anita Liberalesso Neri**
Capa: **Roberto Strauss**

Summus Editorial
Departamento editorial
Rua Itapicuru, 613 – 7º andar
05006-000 – São Paulo – SP
Fone: (11) 3872-3322
http://www.summus.com.br
e-mail: summus@summus.com.br

Atendimento ao consumidor
Summus Editorial
Fone: (11) 3865-9890

Vendas por atacado
Fone: (11) 3873-8638
e-mail: vendas@summus.com.br

Impresso no Brasil

Índice

Apresentação da Edição Brasileira 7
Agradecimentos 9
Prefácio 13
1. Reflexões sobre a velhice 17
2. Que fazer a respeito de sua velhice 27
3. O contato com o mundo 35
4. O contato com o passado — lembranças . . . 45
5. A clareza do pensamento 56
6. O manter-se ocupado 68
7. A organização do seu dia 81
8. A convivência com as pessoas 95
9. Estar bem consigo mesmo 104
10. "Um final necessário" — o medo da morte 114
11. O papel de velho 120
12. A grande atuação — a dignidade e a beleza
    da velhice 128
Apêndice — Nota sobre a linguagem usada neste
livro 139

Apresentação da edição brasileira

Este livro é destinado a leitores de todas as idades interessados em programar sua velhice, e não apenas a pessoas idosas. É um texto pequeno, bem escrito e elegante, onde o bom humor, o tom positivo, o realismo e a fina ironia se mesclam num estilo saboroso e refinado. Surpreendentemente escrito em linguagem não técnica por B. F. Skinner, behaviorista, um dos psicólogos mais influentes deste século, ele me parece significar o cumprimento de um imperativo ético por parte de seu autor, hoje com 81 anos de idade: o de revelar, ele próprio, a outros seres humanos, seu segredo sobre como viver bem a velhice, a despeito de suas imperfeições. Há coisas específicas para o leitor norte-americano, mas a maior parte do texto tem suficiente generalidade para poder ser aproveitado por leitores de outras latitudes. Em alguns pontos, em que me pareceu interessante adicionar ou contrapor dados sobre a nossa realidade, introduzi notas de rodapé (N. T.). Discordando de F. S. Keller que, ao resenhar este livro para *The Behavior Analyst*, 1984, 7(1):55-66, disse que o daria de presente de Natal a seus amigos com a advertência — "embora você não precise dele" — eu recomendaria este livro a todos os meus, de mais de 30 anos, exatamente porque todos precisamos aprender sobre o manejo de nossa velhice... enquanto é tempo.

Anita Liberalesso Neri
Julho de 1985

À memória de meu pai,
William Arthur Skinner
— B.F.S.

À memória de meu pai,
Robert Bergh Cedergren
— M.E.V.

Agradecimentos

Os autores agradecem a Jean Kirwan Fargo, por sua inestimável ajuda na preparação dos originais. Utilizamos o artigo do autor principal, "Intellectual Self-Management in Old Age", publicado na revista *American Psychologist*, de março de 1983, e agradecemos a permissão para fazê-lo.

Prefácio

No congresso anual da Associação Americana de Psicologia, realizado em agosto de 1982, num artigo intitulado "Autogoverno intelectual na velhice", expus algumas das maneiras pelas quais eu tentava me manter intelectualmente ativo. Eu tinha, então, setenta e oito anos. Não era um relato de pesquisa científica; era um relatório de minhas práticas pessoais. Algumas iam pouco além do senso comum, outras eram baseadas em leituras anteriores, mas várias eram aplicações do que eu havia aprendido na ciência chamada Análise Experimental do Comportamento.

No mesmo encontro, apresentei um material que imaginava ser muito mais interessante, denominado "Por que não agimos para salvar o mundo", mas os jornais diários e as revistas semanais, todos deram realce às minhas anotações sobre a velhice. Fui convidado para programas matutinos de TV e rádio e para palestras. Muita gente me escreveu sobre seus problemas, ou sobre os problemas de seus pais idosos. Choveram pedidos de cópias de meu artigo, e centenas delas foram enviadas. Evidentemente, um grande número de pessoas estava interessado em melhorar as condições da velhice.

Inúmeros editores igualmente me solicitaram que ampliasse e transformasse o artigo em livro. Infelizmente, uma de minhas recomendações era no sentido de que, ao ficarem velhas, as pessoas deveriam dar uma parada e reavaliar seus compromissos. Nessa ocasião, eu estava terminando o último volume de minha autobiografia, e, com a ajuda de colaboradores, já começara a escrever dois outros livros. Seria prudente acrescentar um terceiro?

Um desses colaboradores era a Dra. Margaret Vaughan, com quem eu estava escrevendo um livro contendo uma versão ampliada do meu artigo sobre: "Por que não agimos para salvar o mundo". Ela havia dado um curso sobre Gerontologia, conhecia bem o campo, e havia de fato me ajudado na produção de meu artigo.

No momento, dedicava-se ao preparo de um panfleto que o Instituto Nacional de Saúde iria distribuir aos médicos, para instrumentá-los no atendimento de pacientes idosos. Ela e eu nos perguntávamos se eu poderia ou não escrever um livro sobre a velhice, sem prejudicar demais nosso trabalho. Pareceu-nos que sim, desde que nos esforçássemos para não abranger problemas médicos ou financeiros, e nos limitássemos às vidas diárias de pessoas idosas ativas. Este livro é o resultado disso.

Os filósofos distinguem entre o conhecimento adquirido pela convivência e o adquirido por intermédio de descrição. Os leitores deste livro encontrarão um pouco de cada. Tenho convivido com a velhice já há uns bons anos, e a Dra. Vaughan conhece bem descrições a esse respeito. Muito do que se segue, proveniente em parte de meu artigo sobre o autogoverno intelectual, descreve minhas soluções pessoais para o problema do envelhecer. O restante, basicamente contribuição da Dra. Vaughan, é uma seleção da literatura sobre a velhice.

Há uma outra distinção sobre os tipos de conhecimento. Em todo campo de ciência há duas linguagens. O astrônomo se expressa de um jeito quando explica a seus filhos que, quando o Sol se põe, as estrelas aparecem, e fala de outro quando se dirige a seus colegas de profissão. Há vários anos, Sir Arthur Eddington chamou a atenção para as duas mesas dos físicos: a que usa para escrever, e a mesma mesa como um conjunto de partículas dispostas num espaço predominantemente vazio.

Os estudiosos do comportamento também falam duas linguagens, e no mais das vezes, são menos compreendidos do que os físicos. Nossa linguagem cotidiana é impregnada de termos herdados de antigas maneiras de explicar a ação humana. Não podem ser usados numa ciência rigorosa, mas são em geral eficazes, no discurso informal.

Se este livro fosse um tratado científico, deveríamos tê-lo escrito de modo muito diferente. Teria sido bem mais fácil relacionar o seu conteúdo a outros fatos sobre o comportamento humano, mais úteis à investigação ulterior acerca dos problemas da velhice. Mas, então, o livro não serviria ao nosso presente propósito. Estaria fora do alcance de milhões de pessoas que não desejam pensar sobre a velhice de modo científico, mas apenas desejam se preparar para vivê-la bem.

O leitor poderá avaliar se a linguagem cotidiana é suficiente, e os cientistas comportamentais poderão fazer sua própria versão. (Para tanto, encontrarão um pequeno esboço de sugestões ao final do livro.)

B. F. Skinner
Cambridge, Massachusetts,
Janeiro de 1983.

1. Reflexões sobre a velhice

Como é do conhecimento geral, o número de pessoas idosas no mundo está aumentando rapidamente. Nos Estados Unidos existem hoje 26 milhões de homens e mulheres com mais de 65 anos. Em 1900 havia apenas 3 milhões. Na virada do século, a expectativa média de vida era de apenas 47 anos; hoje ela atinge 70 anos, para os homens e 78 para as mulheres. Durante os anos 80, de acordo com o Censo norte-americano, haverá um aumento de 33 por cento no número de pessoas com mais de 75 anos[1]. Apenas

(1) Segundo o IBGE/Instituto Brasileiro de Geografia e Estatística, com base nos dados do censo de 1980, em duas décadas apenas, a população brasileira de velhos dobrou, passando de três milhões e 312 mil pessoas com mais de 60 anos em 1960, para sete milhões e 699 mil em 1980. Estimativas não-oficiais calculam em oito milhões e quinhentos mil velhos a população atual de idosos no país. A expectativa de vida média é de 63 anos para as mulheres e 58 para os homens. Esse índice aumenta para 71 e 64 anos respectivamente, nas regiões socioeconômicas mais desenvolvidas, como o Rio de Janeiro e São Paulo. Ainda de acordo com o IBGE, a população economicamente ativa de 60 anos alcançou um milhão e 974 mil pessoas em 1980, quase um terço dos inativos dessa faixa etária. O aumento do número de homens ativos é superior ao das mulheres, sendo essa diferença ainda mais acentuada na

cinco por cento dos que possuem mais de 65 anos vivem hoje em asilos, e apenas quinze por cento vivem junto e possivelmente são dependentes de seus familiares. Oitenta por cento, por sua vez, são independentes, quer vivendo sozinhos, quer com outra pessoa, e dentre estes, oitenta e dois por cento podem ser considerados como portadores de saúde moderada[2]. Esses ganhos são devidos ao avanço da Medicina e à crescente disponibilidade de serviços médicos, bem como a uma melhora no padrão de vida da população.

É bom que os idosos estejam vivendo mais e sendo menos alvo de pobreza e doenças do que no passado, mas se não estão conseguindo viver bem suas vidas, não ganharam grande coisa. Ao conceder às pessoas idosas mais anos de vida para desfrutar, as práticas que ajudaram a resolver um problema engendraram outro ainda mais crucial.

A velhice em perspectiva

Uma boa época para se pensar sobre a velhice é a juventude, porque então é possível melhorar as chances de vir a vivê-la bem quando chegar. Se você

---

zona rural. Mais da metade da população idosa vive na zona urbana, acompanhando a tendência da população em geral. (N. T.)

(2) Não existem dados oficiais a respeito desses aspectos no Brasil. Estima-se porém que o número de asilos para idosos no país iguala o número de municípios, evidentemente com uma distribuição não igualitária, e com um número de assistidos variável entre cerca de 10 e 300 idosos em cada um. Ainda, estimativas não-oficiais fixam o número de asilados em 15% da população total, ou seja, 127.500 velhos. (N. T.)

planeja passar o restante de sua vida em outro país, terá de aprender o máximo possível sobre ele. Deverá ler sobre o clima, o povo, a história e a arquitetura desse país. Deverá conversar com pessoas que lá viveram. Precisará, outrossim, aprender um pouco sobre a língua falada nesse país. A velhice é, em parte, como um outro país. Você poderá viver bem lá, se se preparou com antecedência. Entretanto, as pessoas raramente querem conhecê-lo. O país da velhice é um lúgubre deserto. Não é descrito em brochuras coloridas de agências de viagens. Ao contrário, por milhares de anos, tem sido mostrado como um quadro de sofrimento, doença e pobreza. Como já o disseram várias pessoas, todo mundo quer viver muito, mas ninguém deseja ser velho — ou pensar sobre o envelhecimento.

Os próprios jovens com freqüência têm perspectivas sombrias, considerando a velhice como o tempo de se pagar os pecados cometidos na juventude. Fumam e postergam o câncer do pulmão para uma distante e improvável terra do futuro. Transformam a velhice numa espécie de depósito de lixo dos perigosos excessos da juventude.

No entanto, é possível escrever um folheto colorido e atraente sobre a velhice. Ela não é tão má assim, e com planejamento pode tornar-se ainda melhor. Os jovens estarão mais aptos a fazer planos para ela, se souberem o que pode ser feito. Entre outras coisas, um futuro atraente requer atenção.

No que tange à saúde e à economia, os jovens de hoje freqüentemente se preocupam com o futuro. Exercitam-se, comem moderadamente e examinam com cuidado os planos de aposentadoria das carreiras que escolhem. Em poucas palavras, há planos para a melhoria dos *aspectos físicos* da velhice, mas é necessário outro tipo de planejamento para se poder viver bem nela. É onde esperamos que este livro possa ajudar.

A velhice dos outros

Outra boa oportunidade para se pensar sobre a velhice, é quando você é responsável por uma pessoa idosa. Talvez um de seus progenitores esteja agora vivendo com ou próximo a você. Talvez você tenha amigos idosos. Sabe o que fazer, se eles não têm problemas de saúde ou de dinheiro. Mas, o que fazer se eles, tão obviamente, não conseguem viver bem suas vidas? Você pode querer desesperadamente ajudar, apenas porque se eles vivessem melhor suas vidas, você viveria melhor a sua. É óbvio que precisam mais do que cuidados médicos e previdência social.

Enfrenta-se o mesmo problema se os idosos nos preocupam por outras razões. Talvez você seja um legislador que deve ponderar sobre leis quanto à habitação, segurança e assistência médica. Talvez seja um membro do clero, que aconselha paroquianos idosos. Talvez seja um homem de negócios, que gerencie uma aldeia ou um hotel para idosos, ou outras facilidades a eles destinadas. Talvez seja um psicoterapeuta, assistente social, enfermeira domiciliar ou membro de outra profissão de prestação de serviços pessoais. É bem possível que tenha atentado primariamente para a saúde e os recursos dos idosos. Pode oferecer uma igualmente importante contribuição, se prestar atenção às condições que lhes permitam viver melhor as suas vidas.

A velhice para o idoso

A principal hora de se pensar sobre a velhice é, certamente, ao ficarmos velhos. A velhice sobrevém como uma surpresa. Chega sorrateiramente e pega as pessoas desprevenidas, via de regra porque elas, deliberadamente, não lhe deram atenção. Não se trata de tipo de coisa sobre a qual seja possível aprender a partir da experiência anterior, porque acontece apenas uma vez na vida. Você sabe apenas o que aprendeu por observar pessoas idosas — tanto na vida real, como em peças de teatro, filmes e televisão — ou por leituras de romances e artigos. O conhecimento de segunda mão raramente é uma preparação adequada para a sua própria velhice.

Provavelmente você acha duro chamar-se a si mesmo de velho. Em algum momento terá começado a dizer "mais velho", quiçá porque essa expressão sugira apenas uma gradação, no caminho para a velhice. A maioria de nós se lembra quando ouviu, pela primeira vez, alguém nos chamar de velho; talvez, num momento subseqüente, tenha cedido e dito também "velho", não obstante o quanto isso machucasse. Porém, mesmo assim, poderá não lhe ser fácil compreender tudo o que a palavra significa, ou porque a velhice acarreta tantos problemas.

Muita gente simplesmente aceita a velhice, com todas as suas desvantagens; deixam para lá suas dores e perdas, e se resignam a sofrer em silêncio. Outros

21

sentem rancor, protestam e blasfemam contra ela. Nós sugerimos um outro caminho: ataque a velhice como um problema a ser resolvido. Faça todo o possível para aumentar as chances de vivê-la bem. Ousamos mesmo sugerir que, entre as providências que vier a tomar, inclua as coisas que aprecia. Ao invés de lamentar as folhas secas e amarelecidas, você pode gostar da folhagem outonal. Ao invés de aprender a tolerar a acidez da laranja, pode-se espremê-la até o fim, para fruir suas últimas doces gotas.

O que você vai encontrar neste livro

Capítulo 2 — Que fazer a respeito de sua velhice. Por viver bem a vida, queremos dizer fazer aquelas coisas de que você gosta. Pode-se dizer que, se você não está vivendo bem a sua vida, há algo de errado com você. Mais freqüentemente, há algo de errado com o mundo em que vive. Conhecemos as limitações da velhice; simplesmente sugerimos que se construa um mundo em que elas causem o mínimo de problema possível.

Capítulo 3 — O contato com o mundo. Como todos os velhos, você provavelmente já reparou que seus sentidos já não são tão apurados como antes, e que você se movimenta mais devagar e com menos habilidade. Artefatos como óculos, aparelhos para surdez e bengala por certo ajudam, mas nem sempre o suficiente. Você precisa de um ambiente agradável — um mundo com o qual possa contatar melhor.

Capítulo 4 — O contato com o passado — lembranças. A maior parte das coisas que aprendemos, aos poucos vão se tornando menos prontamente acessíveis. Você se esquece de fazer as coisas que gostaria, a menos que se lembre delas; você fica embaraçado quando esquece nomes e quando não consegue tomar apontamentos. Não há óculos e aparelhos para surdez para uma memória deficiente mas há práticas que podem tornar o esquecimento menos freqüente e possivelmente menos custoso.

Capítulo 5 — A clareza do pensamento. Você deve achar difícil pensar com a clareza de antigamente. A alteração básica no sistema nervoso é provavelmente a mesma que ocorre no esquecimento e, mais uma vez, não há aparatos facilitadores para este problema. No entanto, pode-se dispor um ambiente de apoio. Um ambiente desse tipo é útil para pessoas de qualquer idade, mas o é particularmente para o idoso.

Capítulo 6 — O manter-se ocupado. A aposentadoria acarreta várias mudanças. Se você tiver sorte, poderá continuar a fazer as coisas que fazia com sucesso no passado. Se não, precisa encontrar outras coisas que goste de fazer. A alternativa para isso é o tédio e a depressão.

Capítulo 7 — A organização do seu dia. Com freqüência, a velhice significa mudança para uma casa menor, ou para outra cidade, e isso causa problemas. Onde quer que você viva, faça com que seu mundo seja o mais atraente, confortável e simples possível. Busque também novas formas de lazer.

Capítulo 8 — A convivência com as pessoas. Envelhecer usualmente significa tornar-se fisicamente menos atraente. Por essa e por outras razões é que deve ser mais difícil que antes, fazer e conservar amigos, de modo particular os jovens. Pode-se tentar ser um melhor companheiro, e assim evitar a solidão.

Capítulo 9 — Estar bem consigo mesmo. Você não viverá bem a sua vida, se estiver preocupado, desanimado ou deprimido; é bem melhor sentir-se seguro, bem-sucedido e alegre. Estar bem é da maior importância, mas depende amplamente do que você faz, e é isto que deve ser mudado.

Capítulo 10 — "Um final necessário" — o medo da morte. O sentimento que mais freqüentemente arruína a velhice é o medo da morte. Aceitar o fato que não se pode viver para sempre é difícil para todo mundo. Mas o que realmente deveria ser temido é o medo da morte porque, por antecipar o final da vida, reduz a possibilidade de vivê-la plenamente.

Capítulo 11 — O papel de velho. Por milhares de anos, os velhos têm sido chamados de egoístas, mesquinhos, excêntricos, e de vários outros epítetos desagradáveis. Se você percebe que atua de modo a confirmar esses pontos de vista, não precisa necessariamente se envergonhar de seu caráter. O mundo em que vive é amplamente responsável pela sua atuação, e num mundo diferente você seria uma pessoa diferente.

Capítulo 12 — A grande atuação. Whitman falou sobre "a dignidade e a beleza da velhice" e, a exemplo de muitos velhos, você deve estar querendo saber de onde ele tirou essa história. Entretanto, sua afirmação não é um produto de *non-sense*, e se você planejar cuidadosamente sua vida, enquanto velho, descobrirá que ele não estava de todo errado.

Nossas imperfeições

Nem tudo o que vamos dizer é aplicável a todos os idosos. Existem velhos de todo tipo, e a maneira como lidam com sua velhice depende em parte de sua educação, religião, identidade étnica ou nacional e de sua família; de suas ocupações passadas ou presentes; de seus campos de interesse e de várias outras coisas. Da mesma forma, nem sempre nossas sugestões funcionarão.

Este livro não é um tratado científico, mas sim uma coletânea de conselhos de amigo. No Prólogo de *Henrique V*, ciente das limitações dessa fase da vida, Shakespeare roga à audiência: "remendem nossas imperfeições com seus pensamentos". Pedimos-lhe que adapte o que vamos dizer, de modo a torná-lo mais conveniente à sua própria vida. Ao fazê-lo, poderá estar remendando algumas de *suas* imperfeições com os *nossos* pensamentos.

Boswell registrou uma observação de Johnson que se tornou famosa: "Todos os argumentos invocados para não se representar a pobreza como um infortúnio, evidenciam que ela é realmente uma grande desgraça. Nunca ninguém insistirá em convencê-lo de que é possível ser muito feliz nadando em dinheiro". Johnson poderia dizer o mesmo a respeito deste livro.

Ao pelejar para convencê-lo de que é possível viver bem na velhice, não estaríamos nós mostrando que ela é uma grande desgraça? Por certo há poucos livros tentando provar que é possível ser feliz na juventude. Ao contrário, como afirma Wordsworth:

Era a felicidade suprema, naquele amanhecer
/ estar vivo,
Mas ser jovem era o próprio Céu.

No entanto, os jovens também têm problemas.
Muita gente diz que foi infeliz quando jovem. De fato,
um número surpreendentemente grande de pessoas
entre quinze e vinte e quatro anos de idade comete
suicídio.

A despeito disso, é provavelmente mais fácil ser
feliz na juventude. Infelizmente, o rabino Ben Ezra,
personagem de Browning, estava errado: velhice, "o
fim da vida", não é "a parte para a qual a primeira foi
feita". Não vivemos para ser velhos, e para os jovens,
esperar que "o melhor ainda está por vir" é um grande
engano. Mas, o que ainda está por vir pode ser bem
vivido, se simplesmente nos preocuparmos um pouco
com isso.

2. Que fazer a respeito de sua velhice

Os psicólogos têm tentado verificar o que acontece de diferente com os idosos. Realizaram entrevistas, desenvolveram estudos de levantamento, com questionários e inventários e aplicaram testes. Aprenderam, por exemplo, como os velhos percebem a si próprios, como se sentem em relação à velhice, e se é verdade que aprendem mais devagar do que os mais jovens, ou se esquecem mais depressa das coisas. Dados desse tipo são mais abrangentes do que qualquer coisa que se possa aprender pelo contato pessoal com alguns poucos velhos, e têm sua utilidade. Infelizmente não conduzem diretamente a conselhos práticos, porque não nos dizem *porque* as pessoas idosas fazem o que fazem, ou como podem ser induzidas a fazer algo diferente.

Se viver bem a vida depende de coisas como traços de caráter ou modos de pensar, por que então as pessoas que vivem bem suas vidas enquanto jovens, não vivem assim também quando mais velhas? Esta questão às vezes é respondida a partir de referências ao "desenvolvimento". Afirma-se que o que as pessoas fazem depende de quanto tempo viveram e de que estágio da vida atingiram. As crianças são alvos particulares dessa forma de pensamento. As sentenças e os conceitos produzidos e usados por elas são vistos como algo que surge em épocas determinadas, como os brotos irrompem nas plantas. Diz-se também que as crianças passam por períodos em que são naturalmente narcisistas ou negativistas. Pode ser verdade, mas tais afirmações nada sugerem de útil quanto à gradação dos passos necessários para a aprendizagem. Dizer aos pais de uma criança-problema, que devem simplesmente esperar até que ela atinja um estágio de menor perturbação, não os ajuda em nada. E, considerar a velhice como um estágio, não é certamente um modo encorajador de se pensar sobre ela. Os velhos não resolvem seus problemas simplesmente pelo desenvolvimento ulterior. Tornar-se maduro é bom, mas infelizmente nós não paramos na maturidade. É generoso falar de uma "velhice sazonada", como uma boa fruta madura; já estamos maduros há alguns anos, e teria sido melhor parar o desenvolvimento nesse ponto. Às vezes se faz um esforço para reconciliar os idosos com a velhice, dizendo-lhes que ela é natural. Mas há várias coisas naturais de que fugimos com satisfação — extremos de temperatura, trabalho estafante, e assim por diante. Não existe uma razão "natural" para não viver bem a velhice.

Ocorre, sem dúvida, um inevitável processo fisiológico de envelhecimento. Nossos corpos mudam com o envelhecimento, e em geral para pior. Porém, eles não mudam numa progressão fixa, além do que, as mudanças corporais não são as únicas a serem consideradas. Se os estágios de nossas vidas fossem devidos meramente à passagem do tempo, bastaria encontrar uma fonte da juventude para reverter a direção, mas se boa parte de nossos problemas têm outras fontes, não precisamos acreditar em milagres. Ao invés de contar os anos, é mais útil distinguir entre as idades, a partir do que é caracteristicamente realizado em cada uma delas. Em *As You Like It*[1], Shakespeare inicia com o bebê "choramingando e vomitando". Por ocasião de sua ida à escola, a criança "se arrasta como cobra / a contragosto para a escola", depois o amante "suspira", o soldado "persegue a fama ilusória", e no devido tempo, o velho "é pleno de sábios provérbios e exemplos verdadeiros". Por fim, certamente, a velhice chega quando produzimos "chiados e apitos", sobrevindo então a segunda infância e o marco da entrada no esquecimento. Sem dentes, sem olhos, sem paladar, e no final, "sem todas as coisas".

No entanto, diferentes pessoas fazem as coisas em diferentes idades cronológicas. Todos nós conhecemos de sobra, crianças que foram obrigadas a se comportar como adultos em seus primeiros anos, e se tornaram "velhos antes do tempo", ou jovens brilhantes que carregavam "velhas cabeças sobre ombros jovens". Da mesma forma, conhecemos pessoas tratadas como crianças a vida toda. Dentro dos limites impostos pelo envelhecimento fisiológico, agimos e pensamos como jovens ou como velhos, em função do que

---

(1) Comédia traduzida para o português — *Como Gostais* — in *William Shakespeare* — *Obra Completa* (3 vol.). Rio de Janeiro, Cia. José Aguilar Ed., 1969. (Tradução anotada de F. Carlos de Almeida Cunha Medeiros e Oscar Mendes. — N. T.)

nos acontece e do que, como resultado, nós fazemos. Como disse o magistrado Oliver Wendell Holmes, "Ser um moço de setenta anos às vezes é mais agradável e desejável do que ser um velho de quarenta". E muita gente não lamentaria ter 70 anos, se pudesse agir como aos quarenta.

Sobre as conseqüências

Esclarecidos psicólogos do desenvolvimento vão além do simples crescimento. Reconhecem que o que se desenvolve é o mundo em que a pessoa vive. As pessoas fazem coisas de diferentes maneiras à medida que vão envelhecendo, porque acontecem coisas diferentes a elas. A criança, cujas primeiras palavras são vistas como resultantes de um processo parecido com a irrupção de brotos numa planta, nunca aprenderia a falar, se deixada sozinha. O que se desenvolve é a comunidade verbal, que responde de forma cada vez mais complexa ao que a criança diz. O negativismo é característico de uma dada idade numa dada cultura, se os adultos — nessa cultura —, tendem a tratar crianças dessa idade de modo a induzir negativismo. Freud colocou grande ênfase no desenvolvimento sexual, e certamente ocorrem mudanças sexuais fisiológicas, mas o que as pessoas fazem sexualmente depende amplamente do mundo em que vivem.

Como as pessoas são afetadas pelo seu mundo é o objeto da análise científica que fundamenta este livro. Nos permitiremos aqui usar essa análise de maneira genérica, emprestando seus princípios, mas não os seus termos. Ela pode representar uma valiosa contribuição quanto a se viver bem a velhice e, para nossos presentes propósitos, o assunto pode ser discutido na linguagem cotidiana.

Um ponto essencial é o papel desempenhado pelas conseqüências. Nós nos comportamos de certa maneira, por causa do que se segue a esse comportamento. Algumas coisas "têm de ser feitas", no sentido em que, se não as fizermos, seguir-se-ão conseqüências desagradáveis. Assim, *temos* de tomar remédios, ou seremos acometidos por dores ou doenças. *Temos* de pagar impostos, ou seremos multados ou encarcerados. *Temos* de preencher formulários, ou não seremos reembolsados de despesas médicas. Aprendemos sobre as conseqüências, tanto a partir da experiência como de relatos de outrem, que por sua vez as experienciaram, ou foram ensinados por outras pessoas.

Por outro lado, existem coisas que "queremos fazer", no sentido em que, quando as fazemos, seguem-se conseqüências agradáveis. Quando estamos famintos, *queremos* jantar. *Queremos* assistir a um programa favorito de televisão. Mais uma vez, aprendemos sobre as conseqüências, tanto a partir da experiência, quanto dos relatos dos outros.

Ao considerarmos o viver bem a velhice, devemos falar também das coisas de que *gostamos* ou de que *não gostamos* de fazer. Gostar depende muito do *para que* fazemos algo, ou do que acontece quando o fazemos. Podemos até gostar de fazer algumas das coisas que *temos* de fazer, e não gostar de fazer algumas das coisas que *queremos* fazer. Assim, usualmente temos de preencher a vida, mas se somos felizes, gostamos do que fazemos para preenchê-la. *Queremos* perder pe-

31

so, mas não gostamos de fazer os exercícios ou as dietas necessárias para tanto.

Provavelmente é impossível arranjar as coisas de modo a sempre conseguirmos fazer as coisas que queremos. Sempre há algumas coisas que têm de ser feitas. Porém, é possível transformar o que temos de fazer obrigatoriamente em coisas que gostamos de fazer. *É o que queremos dizer com "viva bem a velhice".* A seguir, sugerimos maneiras de se alterar o mundo dos idosos, de modo a possibilitar-lhes fazer mais as coisas que *querem* fazer, e com mais freqüência, *gostar* de qualquer coisa que façam.

Aceite nosso conselho

Ao lhe falar sobre o que, acreditamos, pode tornar a velhice mais agradável, corremos o risco de parecer um pouco ditatoriais. "Faça isto", "não faça aquilo", dizemos nós. Entretanto, fazemo-lo unicamente no sentido em que a copeira diz "O almoço está servido!", ou o motorista de táxi (a quem você deu uma boa gorjeta) diz "Bom-dia para o senhor!" Nem nós nem eles estamos dando ordens. Estamos expressando bons votos. A copeira está dizendo "Bom apetite!"; o motorista de táxi está simplesmente usando uma fórmula comum de cortesia para dizer-nos "Desejo que seu dia seja agradável!"

Mesmo assim, você pode não ser daqueles que facilmente seguem conselhos dessa natureza. Talvez os conselhos que recebeu no passado tenham sido bons apenas para quem os deu, ou talvez simplesmente maus. Se você estiver num desses casos, só podemos esperar que aconteça algo parecido com o que se segue.

Você lerá o livro. Uma ou duas de nossas sugestões lhe parecerão interessantes. Você as experimentará, achará que realmente vale a pena segui-las e continuará. Mas, então, algo mais acontecerá: você se sentirá cada vez mais inclinado a seguir algumas de nossas outras sugestões. Se os resultados forem novamente bons, a bola de neve crescerá. No fim, você experimentará tudo o que for apropriado às suas circunstâncias e teremos feito o necessário para ajudá-lo a viver bem a sua velhice. Esperamos assim que concorde em que, se enfim nós nos "intrometemos" em sua vida, ao menos foi para o seu bem.

Em particular, não o estamos exortando a viver bem a velhice, por um ato de vontade. Você deve estar *inclinado* a vivê-la bem. Submeter essa inclinação à vontade usualmente exige dois passos. O segundo é o próprio viver bem a velhice; o primeiro coloca o segundo ao alcance da mão. Por exemplo, você resolverá seu problema de tédio, se se interessar por alguma coisa — como música, livros, um campo de estudo ou esporte. São necessários certos pré-requisitos para a construção desse interesse, mas você pode não estar inclinado a empreendê-los. Esperamos poder mostrar que o primeiro passo — atendimento aos pré-requisitos — pode ser agradável. Em outras palavras, você pode não só viver bem a velhice, como também desfrutar da própria maneira que adotar para programá-la, com o objetivo de vivê-la bem.

Viver bem a vida não é fácil em qualquer idade, se você tiver problemas de saúde. Se a saúde é o seu problema, deve procurar ajuda, onde quer que ela se encontre. Deve-se observar, porém, que assim como a boa saúde é importante para se viver bem a vida, este viver bem também é importante para a boa saúde. Ela contribui para o seu "desejo de viver". Além disso, grande parte do que vamos dizer o ajudará a tomar suas pílulas na hora certa e a seguir os conselhos de seu médico.

Não lhe oferecemos uma panacéia. Para pessoas de quaisquer idades, mas particularmente para os idosos, conquistar o bem viver não é como encontrar ouro em pepitas. O bem viver deve ser garimpado grão por grão. Mas aqueles que garimparem com afinco, extrairão do cascalho uma rica retribuição.

3. O contato com o mundo

Alguém já disse que, se você quiser saber como se sente um velho, embace os óculos, tape os ouvidos com algodão, calce sapatos pesados e folgados demais para seus pés, ponha luvas, e tente — mesmo assim — levar seu dia de modo normal. Não há como negar que, com o envelhecimento, nossos sentidos se tornam menos precisos e nossos músculos mais fracos. O resultado é mais conspícuo em atletas, que se aposentam relativamente jovens, justamente por essa razão. Mas, para todos nós fica cada vez mais difícil fazer várias das coisas que antes gostávamos de fazer. Ao contrário dos atletas, não precisamos desistir. Algumas das imperfeições da velhice podem ser compensadas de várias maneiras. Óculos e aparelhos para surdez obviamente servem para isso. Mas também podemos tirar proveito de um mundo planejado, de modo a nos comportarmos razoavelmente nele, a despeito de nossas deficiências. Não há nada de novo quanto a ambientes agradáveis. Nós os construímos para as crianças, fornecendo-lhes berços, mais seguros que camas; mesas e cadeiras proporcionais ao seu tamanho, e xícaras e colheres que consigam segurar com facilidade. Todavia, os velhos não precisam retornar à infância para se beneficiarem de um mundo planejado de modo a permitir-lhes viver mais eficientemente e, por essa razão, mais agradavelmente.

Visão

Mais da metade das pessoas de mais de sessenta e cinco anos têm alguma perda perceptível na visão. Óculos adequados certamente são essenciais, e devem estar em seu lugar, sem complicações. Durante a leitura, cuide de não ficar com a cabeça num ângulo desconfortável, de modo a ter boa iluminação. Uma lente grande, montada num suporte apoiado no chão, amplia as letras, podendo ser suplementada por um aro de luz fluorescente. Pode-se usar lentes grandes, manuais (lupas), para leitura, bem como pequenas lentes dobráveis, portáteis, para auxiliá-lo em outros casos. Com uma lanterninha portátil você poderá ler cardápios na penumbra de restaurantes e se orientar em locais escuros. Sua biblioteca provavelmente tem livros de letras grandes, e algumas revistas têm edições impressas dessa maneira.

Se seus olhos se adaptam lentamente a mudanças de luminosidade, procure usar óculos escuros, que possa pôr e tirar com facilidade. Colocá-los quando estiver na rua e tirá-los ao entrar numa loja ou restaurante escuro são ações que podem auxiliá-lo a se orientar melhor e a evitar dar encontrões com pessoas.

Se sua visão periférica enfraqueceu, aprenda a olhar de novas maneiras. Ao atravessar a rua, olhe mais do que antigamente para a direita e para a esquerda, e observe as duas mãos de direção para evitar ser atropelado por um ciclista (ou corredor) na contramão. Observe as outras pessoas e utilize-as como guias. Se não consegue avaliar facilmente a profundidade, aprenda a observar como as guias das calçadas e os degraus vão se alterando à medida que você vai se aproximando; assim, poderá estimar melhor a sua altura antes de descer. Se perdeu parte de seu campo visual, como ocorre no glaucoma, lembre-se do efeito ilusório do ponto cego. Você realmente não enxerga tudo o que vê, ainda que não perceba as lacunas existentes em seu campo perceptual. Quando tiver de procurar algo que derrubou ou perdeu, vasculhe a área cuidadosa e sistematicamente.

Tais providências ajudam a simplificar o seu mundo, como o fazem necessariamente os cegos. Se sua visão é realmente deficiente, desembarace-se de coisas de que não necessita — em particular as que causam problemas porque você não as enxerga facilmente. Esvazie seus guarda-louças e estantes de livros. Coloque etiquetas pequenas, de cor vermelho-brilhante sensíveis ao tato, em objetos especialmente difíceis de serem encontrados, ou de que você necessita com freqüência. Sempre que possível, evite as conseqüências desagradáveis de não enxergar com clareza. Os copos que ganhou em seu último aniversário de casamento são bonitos — o cristal é claro, a forma agradável. Mas são finos como papel e apoiados numa base delicadíssima. O mais leve esbarro é suficiente para derrubá-los — o que acontece quando você calcula mal a posição do copo ao tentar alcançá-lo, ou quando as pontas de seus dedos lhe fornecem uma informação falsa ao encostarem eles. Um copo pesado, de base larga, resolverá esse problema.

Audição

Cerca de um terço das pessoas de mais de sessenta anos apresentam alguns sinais de perda de audição. Os aparelhos para surdez são aceitos de modo muito mais lento que os óculos, possivelmente porque as pessoas que primeiro os usaram, eram em geral muito surdas, e por isso mesmo evitadas pelos outros. Conseqüentemente, os fabricantes tendem a enfatizar a possibilidade de se mantê-los ocultos. O aparelho para surdez é embutido numa haste de óculos, ou miniaturizado a ponto de poder ser colocado atrás ou dentro do ouvido. Como resultado, torna-se difícil ajustar o volume, e outras conveniências são sacrificadas. O tipo mais tradicional de aparelho para surdez em que um microfone e um amplificador eram carregados no bolso, do qual saía um fio para o ouvido, já deu muito o que falar. Tinha baterias grandes, de modo que o ruído não diminuía logo depois que era ligado, e era fácil de ajustar. Em locais barulhentos, podia ser mantido próximo a quem estivesse falando. Não há razões para que esse aparelho não seja construído com controles para graves e agudos, para poder ser ajustado a ruídos especiais. Além disso, um aparelho visível induz os outros a falarem mais claramente com a pessoa que o está usando.

Felizmente você pode aumentar o volume de sua vitrola ou rádio... e seus vizinhos se protegerão com fones de ouvido. Pode-se resolver esse problema, conectando-se um pequeno fone de ouvido à televisão. Querendo-se utilizar um em cada ouvido, puxa-se mais um cabo do fio-mestre. Alguns aparelhos têm equipamentos mais elaborados para deficientes auditivos. (Tenha cautela com a tentação de se acostumar a gostar do nível do familiar som produzido pelos fones de ouvido, pois ele poderá causar outros prejuízos aos seus ouvidos.) Infelizmente, estando com fones de ouvido você não ouvirá o telefone ou a campainha, mesmo que sejam especialmente barulhentos. Uma lâmpada que pisque quando soarem o telefone ou a campainha poderá ajudá-lo. Poderá usar também um cão de estimação que lata e se agite à chegada de alguém ou ao toque do telefone.

A adversidade tem suas vantagens, e um aparelho para surdez permite que você lide com o mundo como um todo como lida com a televisão — desligando nos comerciais e em quaisquer coisas que não deseje ouvir. Há vários anos, um desenho humorístico de Peter Arno, publicado no *The New Yorker*, mostrava uma senhora rica, num camarote da Ópera, acusando o marido de haver desligado seu aparelho para surdez.

A conversa com os outros pode ser facilitada de várias maneiras. Certifique-se de que está claro para eles que você não ouve bem. Diga isso e coloque a mão em concha atrás da orelha como lembrete. Fale alto. Você provavelmente tem uma audição parcial do que fala, através da condução pelos ossos, mas no entanto fala mais baixo do que supõe. Os outros tenderão a falar no mesmo nível que é muito baixo para você. Repare que, usualmente, quando fala mais alto com amigos eles acabam fazendo o mesmo.

Quando não se ouve bem, é freqüente fazer pequenas interrupções para se entender o que foi dito. Uma anotação é um quebra-cabeça, e enquanto você o resolve, fica impedido de fazer qualquer comentário apropriado. Assim, por um momento você fica literalmente mudo. Acontece o pior se você só percebe que não consegue resolver o quebra-cabeça, quando já é tarde demais para perguntar o que foi dito. Se aí disser algo vago demais, todos perceberão que não entendeu nada. Certamente é perigoso fazer de conta que escutou, quando isso não ocorreu; você pode descobrir que concordou com todo o tipo de coisas estranhas. E é particularmente mau repetir o que você pensa ter acabado de ouvir e perguntar se é isso mesmo; sua interpretação pode não atingir o alvo e ser acolhida com risos, por pessoas indelicadas. Se há uma solução para tal problema, talvez seja abandonar a esperança. Quando tiver certeza que ouviu corretamente, responda de imediato. Quando não tiver, diga "O quê?" na mesma hora. Um acompanhante que conheça seu problema e esteja pronto a lhe repetir uma afirmação quando parecer que você não entendeu, ou entendeu mal, é de grande valia — e deve ser encorajado a ajudá-lo.

É melhor parar de tentar ouvir, quando você estiver confuso. Provavelmente não desfrutará de um programa de TV se estiver fazendo força para ouvir. Os outros podem estar se divertindo (particularmente quando estão morrendo de rir), mas não há razão para que você fique só olhando. Simplesmente faça outra coisa.

Não continue a conversa com alguém, quando estiver entendendo muito pouco do que ele está dizendo. Há formas polidas de interrompê-lo: "Desconfio que não estamos sintonizados na mesma estação". É igualmente necessário encetar uma ação decidida, quando pessoas indelicadas começam a falar sobre si

40

próprias, como se você não estivesse presente. Torne ostensivo o seu afastamento, apanhando um livro ou deixando a sala. Trate de maneira mais incisiva aqueles que dão demonstração de estarem lidando com um surdo.

As pessoas podem esquecer que você tem dificuldade para ouvir, e falar-lhe a partir de uma outra sala ou de longe. Você as ouve, mas não consegue entender o que dizem! A menos que se dê o trabalho de ir até elas e perguntar, elas não reconhecerão o problema e continuarão a falar com você a distância. A solução depende sobretudo de sua relação com elas. Se precisa delas, vá até elas; se são elas que necessitam de você, deixe-as dar os passos extras.

Se você fugir de todos os encontros com outras pessoas, por serem embaraçosos e cansativos, poderá descobrir-se levando uma vida solitária. Uma alternativa possível, embora não a mais fácil, é fazer mais do que falar para si mesmo. Escolhendo o assunto, todas as palavras-chave ser-lhe-ão familiares, e então estará mais apto a ouvir o que os outros dizem. Em outras palavras, se não é tão bom ouvinte, seja você o falante.

Se você tem tanto perturbações visuais quanto auditivas, seus problemas às vezes serão mais do que dobrados. É uma experiência comum assustar-se ao perceber que chegou alguém. Amigos amáveis podem aprender a tornar mais nítida a sua aproximação, quer batendo na porta, quer aproximando-se de você apenas pela frente. Peça-lhes que façam isso. É difícil evitar embaraços ocasionais. O autor principal deste livro conta a seguinte história:

Eu tinha feito uma palestra na Northeastern University, e depois o diretor do departamento me convidou a cear em sua casa, com mais alguns estudantes. Eu me vi sentado num canto muito escuro. A esposa do diretor, que é chinesa, colocou um prato no meu colo. Apontou para um pastel marrom escuro e meio gordinho e disse algo, mas se afastou antes que eu tivesse certeza que não ouvira. Ataquei o pastel com a faca e o garfo. Tinha aquele tipo de crosta quebradiça que eu sempre admirara na culinária chinesa, e me encantava pensar como conseguiam prepará-la. Eu terminei de comer o pastel, antes de notar que a jovem a meu lado estava descascando o seu. Eu havia comido um ovo cozido, com casca e tudo.

Há apenas uma coisa a fazer nesses casos: encarar o fato como uma piada.

Paladar e olfato

A menos que você tenha sorte, as comidas aos poucos vão perdendo seu antigo sabor. Provavelmente serão menos deliciosas e você estará menos inclinado a comê-las. O fluxo de saliva diminui e você pode ter problemas para engolir. Temperar um pouco mais a comida e tomar pequenos goles de bebida durante a refeição pode ajudar. Boca seca pode significar problemas; aconselhe-se com seu dentista sobre isso. Se sua voz começar a ser afetada por secura na garganta, tente balas de menta sem açúcar, ou pastilhas para garganta.

Neste mundo crescentemente poluído, a perda de olfato em geral é uma bênção, mas pode também ser perigosa. Você pode deixar de sentir os perigosos cheiros de fumaça e de cigarro. Ciente dessa redução de sensibilidade, procure ser duplamente cuidadoso com os odores de suas próprias roupas e de seu espaço, os quais podem afetar suas relações com os outros.

Tato

As pontas dos dedos se tornam menos sensíveis. Ao suspender uma xícara, você avalia mal a pressão e a derruba. Os pratos, copos e xícaras devem ser mais pesados, assim como as facas e os garfos mais fáceis de manejar. Você pode ter dificuldade em virar as páginas de um livro, especialmente se o papel for fino, quando poderá pular páginas. Uma olhadela na numeração ajuda, podendo tornar-se quase automática. E agora você tem uma razão extra para prestar atenção à numeração, quando for conferir um pacote de notas novinhas em folha.

Equilíbrio

Os órgãos dos sentidos que o informam sobre sua posição e orientação no espaço tornam-se menos sensíveis. A qualquer movimento brusco, você está mais suscetível a desequilíbrios. O perigo é muito maior se você também não enxerga bem, ou se não consegue ser suficientemente rápido para se segurar antes de cair. Uma solução fácil é andar mais devagar. Enfim, na velhice você tem todo o tempo disponível. Ao sair a passeio, uma bengala poderá lhe ser muito útil, mesmo que não claudique. (Ao comprar uma bengala em Londres, cuide de usar a palavra correta, para não ser remetido a uma loja que vende bastões para professores punirem seus alunos)[1]. Uma bengala brilhante e atraente pode ser um adorável auxiliar. Ainda, você poderá sentir-se mais seguro e evitar acidentes, usando sapatos de solado grosso, aos quais poderá adaptar pequenos ganchos de ferro (como os dos alpinistas), quando tiver de andar em superfícies escorregadias.

Algumas dessas sugestões são talvez penosamente óbvias, mas também é óbvio que os idosos nem sempre as seguem, muitas vezes com conseqüências danosas. Uma modificação isolada não faz grande difererença, mas com uma cuidadosa coleta de pequenos ganhos, você ficará surpreso não só com a melhora de sua vida, como também com o prazer que sentirá por torná-la melhor.

---

(1) No original, os autores se referem à confusão entre *walking stick*, mais propriamente "bengala" e *cane*, palavra usada na Inglaterra para designar bastões para castigos físicos, empregados nas escolas tradicionais. (N. T.)

4. O contato com o passado — Lembranças

Nossos órgãos dos sentidos e músculos enfraquecem com a idade, assim como o órgão com o qual os usamos. Presumivelmente, as mudanças no sistema nervoso explicam porque há séculos os idosos são descritos como esquecidos, confusos, tolos e distraídos. Não há óculos e cadeiras de rodas para essas deficiências, mas um ambiente cuidadosamente planejado pode torná-las menos perturbadoras.

O esquecimento é provavelmente o sintoma mais óbvio. O que acontece fica mais claro quando tentamos fazer algo que aprendemos quando crianças — dobraduras de papel em forma de chapéu, ou a seqüência de posições no jogo de barbante. Quando falhamos, dizemos "Isso não volta mais". Essa é uma afirmação nitidamente precisa, pois as seqüências necessárias aos jogos com o papel e o barbante simplesmente não voltam mais. No mesmo sentido, as palavras não voltam quando tentamos relembrar um poema, nem as notas musicais ao tentarmos tocar algo de memória, num instrumento musical. As seqüências, as palavras, as notas, presumivelmente ainda estão lá, e podem retornar sob diferentes circunstâncias. Há pessoas que, sob hipnose, relembram detalhes minuciosos de seus primeiros anos de vida, e quase todos nós já experienciamos a lembrança, sem razão aparente, de uma coisa absurdamente trivial acontecida há muito tempo. Se o quiséssemos, talvez não teríamos conseguido lembrar. Com freqüência, logramos lembrar os movimentos, palavras e notas desejados, se recomeçarmos do início. Retomamos o fio várias vezes, até que a parte esquecida apareça. Nesse sentido, reconstituímos boa parte do ambiente em que fizemos o chapéu de papel, aprendemos o poema ou tocamos a música, e então o restante retorna. Tentar lembrar um passo esquecido, com freqüência é descrito como "remexer nos escaninhos da memória", mas essa figura de linguagem é questionável. Como encontrar o elo perdido, se não sabemos o que estamos procurando? É melhor considerar a memória simplesmente como o processo de criar, da melhor forma possível, uma situação em que possamos nos lembrar com mais facilidade.

O esquecimento de nomes próprios

Nomes próprios são especialmente fáceis de serem esquecidos, e é especialmente óbvio que você os esqueça. Para que a recuperação de um nome próprio se torne mais provável, reveja todas as coisas de que consegue se lembrar sobre a pessoa ou coisa a que ele se refere. Então, percorra lenta e deliberadamente o alfabeto, e tente pronunciar o nome. Às vezes se surpreenderá com a rapidez com que se lembrou. Em outras, ficará atormentado por chegar tão perto do

46

alvo e não conseguir, mas na manhã seguinte, surpresa, o nome pipoca inesperadamente e sem esforço. Certamente não dá tempo de percorrer o alfabeto ao se fazer uma apresentação, e nessas ocasiões você precisará de outras estratégias. Os sistemas mnemônicos oferecem maneiras adicionais de se recuperar nomes da memória, mas só são vantajosos se você souber por antecipação, de quais pretenderá se lembrar.

Não conseguir lembrar um nome numa apresentação é embaraçoso, e o embaraço é parte do problema. É o problema dos gagos, que tendem a gaguejar mais, em função das conseqüências punitivas que experimentaram no passado, ao se comportarem dessa maneira. Esquecemos um nome ao fazer uma apresentação, simplesmente porque temos medo de esquecê-lo. Ficar com medo causa mais problemas ainda, se você evitar olhar para a pessoa. Como demonstrou Proust, alguns elementos triviais de uma situação podem fazer deslanchar a memória, e você estará mais sujeito a esquecer um nome se perder algum detalhe evocativo, que é o que ocorre quando não se enxerga claramente a pessoa. Você estará com freqüência mais amparado em tais situações, na medida em que eliminar conseqüências desagradáveis.

Se souber com antecedência que deverá chamar alguém pelo nome, há várias maneiras de melhorar suas chances de acertar. Antes de comparecer a uma reunião social num clube, por exemplo, reveja a lista de nomes de seus membros, tentando localizar os que precisará. Ou então, comece por lembrar os nomes das pessoas que vir logo ao chegar, antes que as apresentações se façam necessárias.

Você pode simplesmente aceitar o esquecimento com bom humor. Sempre é possível apelar para sua idade. Você pode ser agradável com o amigo cujo nome esqueceu, dizendo-lhe que sempre se esquece dos nomes das pessoas que mais deseja lembrar. (É verdade que as pessoas que lhe são importantes fazem-no ficar mais ansioso por não esquecer-lhes os nomes.) Ou então recorde a ocasião em que esqueceu o próprio nome, quando perguntado por um balconista.

Com a ajuda de uma pessoa que conhece bem, tal como seu cônjuge, é possível usar uma outra estratégia. Maridos e esposas geralmente freqüentam círculos diferentes, e quando estes ocasionalmente se sobrepõem, tornam-se necessárias apresentações. Quando um membro de seu círculo de relações se aproxima, acene com as mãos, volte-se para seu cônjuge e diga, "Com certeza você se lembra de..." Imediatamente seu cônjuge estende a mão ao recém-chegado e diz, "Sim, certamente, como vai?" A menos que seja absolutamente impossível que os dois já tenham se encontrado, o recém-chegado se comportará de acordo. Ele ou ela não quererão ser pilhados esquecendo um possível encontro anterior, e de toda maneira também é provável que tenham problemas de memória. Uma apresentação dessa natureza é apenas uma formalidade e nada se perde por evitar constrangimento. Não é mais desonesto do que responder "Bem — e você?", quando alguém nos diz "Como vai?", embora na realidade estejamos péssimos. Você estará poupando ao outro o ônus da compaixão.

Uma outra estratégia útil é dizer seu nome ao estender a mão a alguém que não vê há muito tempo.

Esse é um ato de cortesia, e você será recompensado com a retribuição dessa delicadeza.

O esquecimento de como referir-se às coisas

Por certo você esquece mais coisas, além de palavras e nomes. Às vezes as citações podem ser úteis, mas se utilizadas no momento certo. Quando advertido de que cometeu uma gafe, cale-se por um momento, num mudo pedido de desculpas. Se esquecer um trecho do Hino Nacional, cantando em grupo, continue mexendo os lábios de modo convincente. Nessa situação, o uso de anotações não será aceitável, mas um ensaio cuidadoso será suficiente.

Esquecer-se do que ia dizer é um caso especial. Durante uma conversa, você espera educadamente até alguém terminar de falar, e então percebe que seu perspicaz argumento se esvaneceu. A situação é especialmente embaraçosa se todos perceberem que você ia dizer algo. Uma solução é ficar repetindo o argumento para si mesmo; outra é apelar para o privilégio de ser velho e interromper o interlocutor; outra, ainda, é anotar (parecerá que a anotação é sobre o que o outro está dizendo).

Ocorre um problema parecido quando você está falando e começa a fazer digressões. Ao terminá-las já se esqueceu a propósito de que as trouxe à baila, ou onde havia parado. A solução é simplesmente não fazer digressões, isto é, não se interromper. Sentenças longas sempre ocasionam esse tipo de problema, visto que a parte final ficou distante demais da inicial, para realizarmos corretamente a concordância gramatical.

É como se você se levantasse, fosse para outra sala e se esquecesse onde estava. Isto pode acontecer, em algum grau, em qualquer idade, ao se falar uma língua que não se domina bem. Sempre dá confusão encetar sentenças complexas; você falará muito melhor se usar sentenças curtas. É isso que acontece na velhice, mesmo quando falamos nosso próprio idioma.

O esquecimento de como fazer as coisas

Dez minutos antes de sair de casa para passar o dia fora, você ouve o homem do tempo: é provável que chova à tarde, por volta do horário do seu retorno. Ocorre-lhe então levar guarda-chuva. (A sentença significa exatamente o que diz: o ato de levar guarda-chuva ocorre a você.) Não obstante, você não está atento à execução desse ato — e dez minutos depois sai sem o guarda-chuva. Você pode resolver esse problema se, na medida do possível, agir no momento em que o ato lhe ocorrer. Pendurar o guarda-chuva perto da porta, na alça de sua mala ou pasta, ou em algum outro lugar, inicia o processo de levá-lo consigo. A mesma estratégia é utilizável para lembrá-lo de fazer outras coisas que não podem ser feitas imediatamente. No meio da noite você se lembra de que é dia de pagar seu imposto de renda. No dia seguinte você esquece. Evite que isso lhe aconteça: levante da cama e coloque os impressos para pagamento do imposto sobre a mesa onde vai tomar o café da manhã. Ocorre a mesma coisa quando você tem uma boa idéia e se esquece dela. Se tende a ter boas idéias no meio da noite, mantenha um bloco de anotações ou gravador ao lado da cama. Se não dorme sozinho, use uma caneta com uma pequena lanterna embutida. Com um bloco de anotações ou gravador pode-se preservar as coisas que pensamos ocasionalmente. A estratégia é útil a pessoas de qualquer idade, mas particularmente para o idoso. Pode tornar a vida mais eficaz, e assim mais agradável. Em lugar de memórias, lembretes.

O esquecimento de fazer as coisas na hora certa

Dificilmente esquecemos de tomar aspirina para dor de cabeça, mas com freqüência deixamos de tomar remédio contra algo menos evidente, como pressão alta, por exemplo. Qual a diferença? Tomamos a aspirina por duas razões: a dor de cabeça nos "lembra" de ingeri-la; e quando o fazemos temos um resultado imediato — a dor de cabeça desaparece. Nada na pressão alta ou na medicação para controlá-la apresenta qualquer desses efeitos. Em geral, se precisamos tomar remédios desse tipo, em horários predeterminados, necessitamos de duas coisas: a lembrança e uma conseqüência fortalecedora. Suponha que deve tomar um remédio duas vezes ao dia — de manhã e de tarde. Selecione algo que sempre faz nesses horários, como por exemplo escovar os dentes. Com um adesivo, grude um envelopinho do remédio no cabo de sua escova de dentes. Como terá de remover o remédio para poder usar a escova, você se lembrará de tomá-lo. A não ser que seja uma pessoa especialmente desorganizáda, provavelmente você segue uma rotina diária de horários para comer, pentear-se e trocar de roupas, por exemplo. Poderá usar essas atividades habituais como um relógio de alarme, para lembrá-lo de que é hora de fazer determinadas coisas.

Em relação à conseqüência fortalecedora, tente manter um registro de seus sucessos quanto a lembrar-se de fazer as coisas na hora certa. Arrume um calendário e uma caneta hidrográfica preta de ponta grossa. Digamos que você tem de pingar colírio quatro vezes ao dia. Escureça um quarto do espaço correspondente ao dia no calendário, cada vez que colocar o colírio. No fim do dia, se não se esqueceu nenhuma vez, o espaço estará totalmente preenchido de preto. Com o passar dos dias, ao observar o calendário poderá se congratular por tê-lo preenchido. E provavelmente você estará mais inclinado a continuar a preenchê-lo.

Se seu médico o aconselhar a caminhar uma certa distância diária, arranje um pedômetro — um pequeno instrumento com formato de relógio que, carregado no bolso ou pendurado numa corrente, registra miraculosamente a distância percorrida. Escolha uma determinada distância como meta, e anote a cada dia em seu calendário preto o quanto você se aproximou da meta. Pode-se fazer o mesmo com uma bicicleta estacionária, dizendo a si mesmo o quanto conseguiu pedalar. Com o passar do tempo, manter boa saúde e merecer a admiração de seu médico ou dos amigos (a ginástica é um excelente tema para conversas, isso se você não exagerar), fará com que você esteja mais inclinado a manter ou melhorar as suas marcas.

O esquecimento de onde se colocou as coisas

"Onde estão meus óculos?" "Onde estão as duplicatas das chaves do carro?". Há centenas de lugares onde você pode tê-los colocado; de todo modo, é mais difícil encontrá-los se você não puder vê-los para então poder usá-los. Você precisa dos óculos para encontrar os óculos, e mesmo com eles você poderá ficar confuso, procurando as chaves. Da mesma forma, ao procurar objetos no escuro, seus dedos não conseguem reconhecê-los tão depressa como antigamente. Aprenda uma lição com os cegos: a única solução é "um lugar para cada coisa e cada coisa em seu lugar".

As coisas são especialmente difíceis de serem encontradas, quando você as esconde cuidadosamente. Alguém disse que ninguém se esquece de onde escondeu um tesouro, e muitos idosos desejariam que isso fosse verdadeiro. Você vai viajar por um mês, e há algumas coisas em sua casa, que não deseja sejam roubadas. Ao invés de guardá-las no banco, coloca-as no porão ou no sótão, habilidosamente escondidas entre velhas caixas, malas, roupas, livros e mobílias. Tem certeza de que nenhum assaltante perderá tempo remexendo nesse lixo. Então, ao retornar, perde um tempão por não se lembrar de onde afinal decidiu colocá-las. (A propósito: assaltantes experientes sabem, precisamente, onde pessoas inexperientes pensam que eles não vão procurar.) Quem disse que ninguém esquece onde escondeu um tesouro, estava provavelmente pensando em piratas, mas piratas conhecem o risco do esquecimento e fazem mapas. Não haveria tantas histórias sobre tesouros escondidos, se eles não tivessem esse costume. Você também pode resolver o problema, fazendo um mapa mostrando a localização de seu tesouro, e colocando o mapa num local onde possa ser facilmente encontrado. O problema é mais sério quando você se esquece de que escondeu um tesouro. Você tem uma quantia em dinheiro que não gosta de carregar consigo ao sair de casa e então coloca algumas cédulas dentro de um livro apanhado a esmo. Anos mais tarde, ao folhear um livro num sebo, alguém encontra o dinheiro, procura pelo seu nome na capa do livro, e lhe envia agradecimentos póstumos. Nunca se esqueça de que é muito fácil esquecer.

O esquecimento de compromissos

Muitas coisas que você aprecia — um almoço com um amigo, um programa especial de televisão — só podem ser aproveitados num horário específico do dia, semana ou mês. Não podemos desfrutá-los, a menos que nos lembremos deles — e esse é o problema. Uma agenda ou calendário resolve isso, mas apenas se você, por seu turno, se lembrar de: (1) fazer anotações e (2) olhar para elas. O uso consistente do calendário pode contribuir enormemente para o viver bem a vida, mas muitos idosos acham difícil usar calendário.

Para facilitar seu uso, comece com um calendário desses de propaganda. Pendure-o num lugar onde dificilmente possa evitar vê-lo — na parede do banheiro por exemplo. Vendo-o com freqüência, você estará mais apto a notar as marcações que fez e a se lembrar de acrescentar outras. Você deve, enfim, buscar coisas para marcar — não apenas compromissos explícitos, mas oportunidades a serem consideradas na época devida. Uma rápida verificação antecipada dos dias e horários ocupados permitirá que você planeje sua vida mais cuidadosamente. No momento em que estiver habituado a usar uma agenda de bolso, terá dado um enorme passo rumo a viver melhor sua vida.

Um calendário não será suficiente quando algo que você deseja fazer — como por exemplo assistir um determinado programa de TV, telefonar a um amigo numa dada ocasião, tirar comida congelada do *freezer* uma hora antes de colocá-la no forno — só puder ser realizado naquele horário específico do dia. Nesses casos um marcador de tempo resolve o problema. Um relógio-alarme elétrico comum tem o mesmo efeito. (Se você é habilidoso, aumente o pininho de controle do alarme, melhorando as condições de sua manipulação, grudando nele uma moedinha com alguma dessas massas para fixar diferentes materiais que você encontra em qualquer supermercado ou loja de material de construção.) Para marcar períodos de tempo e para maior precisão, use um marcador de tempo de cozinha. Haverá duas importantes conseqüências: você desfrutará das coisas de que não se esqueceu, e ficará mais relaxado enquanto espera pela hora de aproveitá-las. Os jovens também se esquecem das coisas, mas se desenvolvessem estratégias corretivas enquanto ainda são jovens, dariam um grande passo em direção a uma vida boa na velhice.

5. A clareza do pensamento

Laurel e Hardy (o Gordo e o Magro) procuram um hotel. Hardy vê um policial e manda Laurel pedir ajuda. Laurel vai e diz ao policial: "Por favor, onde eu posso encontrar um policial?"

A maioria de nós já fez loucuras desse tipo. Discutimos com um amigo o significado de uma palavra, e decidimos procurá-la no dicionário. Continuamos a conversa e quando voltamos ao dicionário, eis-nos procurando a palavra "dicionário". Ou, então, interrompemos a leitura para terminar o café, e depois colocamos a xícara vazia na estante e vamos à cozinha levar o livro.

São comportamentos desse tipo que dão aos idosos a reputação de confusos e distraídos. "Quando chega a idade, o juízo se vai", diz Dogberry, em *Much Ado About Nothing*[1]. São comportamentos assim que levam os próprios idosos a pensarem que estão perdendo o juízo ou ficando senis. Todavia, pessoas de todas as idades podem se comportar dessa forma, às

(1) *Muito barulho por coisa nenhuma* (comédia). (N. T.)

vezes com efeitos catastróficos. Conhecemos uma recém-casada, ainda nos seus 20 anos, que começou a jogar fora as camisas do marido, assim que chegavam da lavanderia. Removia as embalagens, colocava-as cuidadosamente nas gavetas do marido e jogava as camisas no lixo. Para a explicação de tal comportamento nessa idade, em geral se recorre a Freud. Velhice é uma explicação mais aceitável.

Você poderá viver bem no meio da confusão, se viver sozinho ou com uma companhia compreensiva (especialmente alguém atingido pelo mesmo mal), mas se tiver de conviver com outras pessoas, em geral essa confusão lhe causará embaraços. O problema essencial parece ser o mesmo do esquecimento. Você começa a fazer algo, mas a razão original se enfraquece e um substituto trivial lhe toma o lugar. Na ocasião em que Laurel encontrou o policial, ele estava mais inclinado a dizer "policial" do que "hotel". Quando você está com o dicionário na mão, "dicionário" é mais forte do que a palavra que estava procurando. Algo desse gênero acontece, também, quando se está falando. Você não esquece só o que ia dizer; algo interfere e você se esquece de que ia dizer algo. Como resultado, parece incoerente. "Foi em virtude de minhas divagações incoerentes que percebi estar ficando velho", diz Franklin em sua *Autobiografia*.

Se você é advogado e redige discursos; sacerdote ou ministro religioso e prepara sermões; legislador e deve propor um decreto; executivo e escreve relatórios destinados aos controladores de estoque; cientista e relata um experimento; membro de um clube que deve preparar a resenha de um livro, cidadão participante escrevendo um discurso para uma reunião ou escritor a escrever uma história ou novela, pensar faz parte de sua atividade, e um deslize quanto à clareza poderá lhe ser muito prejudicial. Para resolver essa situação, são necessárias estratégias especiais.

Um trecho de uma redação é uma cadeia de sentenças. Elas não são arranjadas na ordem em que foram lhe ocorrendo. (Este livro não é exatamente um registro do que teríamos dito, em resposta ao pedido, "Sente-se e fale-me sobre como viver bem a velhice".) Por certo você começa com algumas poucas coisas do que quer dizer. Colocando-as no papel tão logo quanto possível, você não só as fixa como as mantém em condições de serem usadas no pensamento subseqüente. Elas provavelmente serão dispostas em categorias que começarão a sugerir as partes do relato, ou os capítulos do livro. Algumas podem ser introduzidas logo, outras devem aguardar até que o leitor esteja preparado. Você pode arranjá-las e rearranjá-las mais facilmente, se lhes atribuir números decimais. A primeira parte será designada por "1", suas várias subdivisões por "1.1, 1.2" e assim por diante, até "1.11 e 1.12" etc. Os números podem ser mudados se você achar um jeito de melhorar o arranjo. Notas relevantes, recortes e pedaços de texto devem ser adequadamente numerados e ordenados. Alguns escritores usam um cartão de índice para cada assunto; a qualquer momento os cartões podem ser suplementados, e ao final devem ser arranjados numa ordem lógica. Um índice constituído pouco a pouco o ajudará a resolver a questão "E agora, do que estou falando?". Talvez você seja capaz de fazer algo parecido com isso dentro de sua cabeça. No entanto, mesmo assim, é provavelmente melhor usar o restante do corpo para fazer um registro, como já sugerimos. Agora você tem em mãos, todos os motivos para pensar as coisas *para fora* — fora, no mundo.

A disposição de condições
para a clareza do pensamento

Há várias maneiras possíveis de se dispor condições para a nitidez do pensamento. Muita gente remete os assuntos sérios em que deve pensar para o fim do dia, quando estão em sua pior forma. Isso é um engano. Imagine-se um pianista que amanhã à noite dará um concerto com uma famosa orquestra sinfônica. Como ter certeza de que estará em sua melhor forma, quando subir ao palco? Planejando cuidadosamente o seu dia. Comerá frugalmente. Talvez ensaie, mas não demais, para não se cansar. Descansará. Procurará uma distração agradável, talvez um texto leve. Como resultado, quando estiver no palco, estará em condição de apresentar o seu melhor desempenho.

Pensar com clareza sobre um problema é tão difícil quanto tocar bem piano. Seria conveniente o mesmo tipo de preparação. Ela é conveniente em qualquer idade, mas especialmente quando você é idoso e o que aprendeu a dizer ou fazer tornou-se menos acessível. A exemplo do nome que conseguiu lembrar só depois de um longo processo de rememoração, as idéias estão lá, mas não emergem com facilidade. Tomar providências no sentido de pensar melhor não resolve o problema, mas ajuda.

Pensar devagar pode ser um expediente valioso. A lentidão não é uma grande deficiência, considerando-se que os idosos habitualmente têm muito tempo. E aprender a se organizar como idoso, em relação ao pensar, pode lhe dar vantagem sobre o jovem impetuoso. Um ritmo comedido é aconselhável em qualquer idade. No jardim da infância provavelmente nos ensinaram a "parar para pensar" e em *Romeu e Julieta* lemos que "tão tarde chega quem depressa demais vai".

A organização do pensamento

As idéias não são como frutas maduras que podem ser colhidas à vontade da árvore da mente. Elas vêm a você em vários lugares e ocasiões, e devem ser colocadas de uma forma que as conserve até que você possa usá-las. As estratégias que reduzem o esquecimento são úteis aqui também — um bloco de anotações ou gravador ao lado de sua cama (se você não dorme sozinho, lembre-se da caneta com a lanterninha embutida), o livrinho de bolso para anotações ou o pequeno gravador portátil, usado quando você passeia, dirige ou se desloca para o trabalho. Eles o ajudam a organizar as idéias sobre as quais pensará mais tarde, em sua escrivaninha.

Ao juntar as idéias que organizou você começará a ver relações entre elas, as quais teria sido impossível vislumbrar quando de sua ocorrência isolada. As idéias que vão integrar um resumo, sermão, relato, discurso ou artigo, ou ainda uma história, são como fragmentos de um vaso encontrados numa escavação. Seria uma escavação notável, se os fragmentos fossem recuperados em ordem, assim como só para um pensador notável as idéias aparecem já na ordem final em que serão expressas.

Não há muletas ou cadeiras de rodas para os portadores de deficiências de fala, mas eles podem ser ajudados colocando-se convenientemente em suas mãos todas as coisas de que necessitam para falar melhor — canetas, lápis e papel, uma boa máquina de escrever ou processador de palavras, equipamentos para ditado, para classificação e arquivo. Um local para pensar, livre de distrações, é importante. As distrações são especialmente perturbadoras porque as coisas sobre as quais estamos pensando nos escapam muito facilmente. Estaremos mais propensos a colocar a xícara na estante, ao invés do livro, se estivermos telefonando.

Insiste-se em que essas confusões com freqüência estão associadas às ausências mentais dos gênios. Ausências da mente, assim como o absenteísmo em operários numa segunda-feira de manhã, são amplamente resultantes da distração. Em outras ocasiões, a distração pode ser valiosa. Com freqüência pensamos melhor em companhia de outras pessoas, que nos afastam de nossos temas favoritos. Numa discussão acalorada, dizemos coisas que não nos ocorreriam se estivéssemos sozinhos.

Os idosos comumente são vítimas de uma desvantagem especial, a falta de interlocutores. Professores aposentados não continuam a falar com estudantes, cientistas aposentados não podem discutir seu trabalho com companheiros de profissão, homens de negócios aposentados não mais falam com seus sócios. Em geral os idosos se vêem em companhia de pessoas com quem não têm interesses comuns. Organizar discussões apenas em duplas poderá lhe ser útil. Dessa forma, você poderá exercitar sua mente e, mais importante, confiar nela.

O medo de não pensar com nitidez, a exemplo do medo de gaguejar ou de esquecer, pode piorar as coisas. Contudo, qualquer coisa que faça para melhorar seu pensamento será comparável a um ganho em confiança.

A tranqüilidade do pensamento

A velhice é bastante parecida com o cansaço, exceto por não se poder reduzi-la, relaxando ou tirando férias. A velhice acrescida de fadiga é particularmente perturbadora, mas metade dessa fadiga pode ser evitada. O tipo de fadiga causadora de perturbação é chamada mental, talvez porque tenha pouco em comum com a fadiga que se segue ao trabalho físico. Podemos estar totalmente descansados em termos físicos, mas ainda assim nos sentirmos cansados do que estamos fazendo — com freqüência a ponto de nos sentirmos até "doentes de pensar nisso".

Em geral sabemos quando estamos fisicamente cansados e precisamos de repouso, mas a fadiga mental é onerosa justamente porque raramente nos apercebemos dela. Alguns sinais são úteis para nos informar quando é hora de parar de pensar e relaxar. Por estranho que possa parecer, essa idéia ocorreu a Adolf Hitler. De acordo com documentos apreendidos, agora na biblioteca de Harvard[2], quando já se aproxi-

---

(2) Conforme descrição de William Leederer para a Fundação Nieman, em relato não publicado.

mava o final da II Guerra Mundial, Hitler solicitou aos poucos cientistas que permaneceram na Alemanha, que investigassem por que as pessoas tomam más decisões. Eles disseram que as pessoas se comportam dessa forma quando estão mentalmente fatigadas. Hitler então solicitou uma lista de sinais de fadiga mental e baixou uma ordem, segundo a qual, qualquer general que estivesse apresentando os sinais constantes da lista, deveria tirar umas férias curtas. Felizmente para o mundo, Hitler excluiu-se desse rol — e continuou a tomar más decisões.

Dentre os sinais úteis ao reconhecimento de sua própria fadiga pode-se citar: o aumento no uso de imprecações e blasfêmias, uma inclinação a culpar os outros pelos próprios erros, protelar decisões, sentir pena de si mesmo, incapacidade de exercitar-se ou relaxar, e comer demais ou de menos. Outro sinal útil é a tendência a usar evasivas: o antigo trovador dispunha de chavões ou frases feitas, que lhe davam tempo para pensar no que vinha a seguir. Quando cansado, recorria a esses artifícios. Quando dizemos "nesse ponto, é interessante notar"... ou, "agora vamos atentar para outro problema", podemos ser bem-sucedidos se nos mantivermos falando sem parar, até encontrar algo interessante para dizer.

Quando fatigados, falamos coisas erradas. As mais evidentes são as palavras erradas que pipocam em nossa mente apenas por rimarem com as palavras corretas, ou por se parecerem com elas de alguma outra maneira. Coisas erradas também incluem clichês, sentenças mal construídas, plágios e a pomposidade das "tiradas literárias". Elas florescem quando estamos cansados, e presumivelmente só podemos evitá-las evitando a fadiga. Posto que muita gente chega fatigado à velhice, é da maior necessidade que se tomem precauções especiais.

Nós nos recuperamos da fadiga quando nos envolvemos em atividades de lazer, mas a amplitude dessa recuperação depende do que fizermos. Estaremos menos aptos a pensar com clareza se despendermos nosso tempo livre em passatempos cansativos. Os gregos usavam uma boa palavra — *eutrapelia* — para descrever a utilização produtiva do lazer. Se você leva a sério a resolução de seus problemas, deverá escolher cuidadosamente o que irá fazer quando não os estiver resolvendo. Possivelmente você aprecia quebra-cabeças complicados, xadrez ou outros jogos intelectuais. Pode apreciá-los, mas eles o fatigam. Desista deles. Relaxe seus padrões e leia histórias de detetives, ou assista alguns programas de TV que não valorizava por serem idiotas.

A criatividade

Com freqüência se diz que quem já passou a flor da mocidade não tem nada de novo a dizer. Jorge Luis Borges perguntou, "O que posso fazer aos setenta e um anos, a não ser plagiar a mim mesmo?" É mais fácil dizer coisas que já foram ditas, quer por outrem, quer por nós próprios. Se o que temos a dizer agora é muito parecido com o que já dissemos, então nos repetimos. Uma das experiências mais desencorajadoras do velho professor é descobrir que o aspecto que acabou de levantar — tão significativo, tão elegantemente expresso — foi originalmente incluído numa publicação sua, há vários anos.

Nós também tendemos a pensar nas direções costumeiras, exatamente porque confiamos em posições que nos pareceram mais válidas no passado. Velhos professores, cientistas, filósofos, políticos, dentre outros, em geral continuam a defender seus pontos de vista da juventude, inclusive porque a adoção de novos modos de pensar pode significar a admissão de erros passados, perda de prestígio e posição. Algo dessa natureza acontece a todo mundo. Via de regra, uma mudança de opinião parece uma admissão de erro, mas a velha opinião talvez tenha sido suficientemente correta, na ocasião em que foi emitida.

Costuma-se dar exemplos famosos para garantir aos idosos que é possível continuar a ser criativo. Michelângelo viveu até os 89 anos e pintou até o fim de seus dias; Verdi compôs *Falstaff* aos 80 anos, e assim por diante. Porém, muito pouca gente é criativa como eles, em qualquer idade. Francis Bacon talvez tenha chegado perto da verdade quando disse que "A invenção do homem jovem é mais vigorosa do que a do velho, e a imaginação flui melhor em sua mente". Em seu clássico estudo intitulado *Age and Achievement*[3], Harvey C. Lehman relatou evidências de que, através dos anos, essa opinião tornou-se crescentemente válida. Verificou, por exemplo, que no século dezoito as pessoas tendiam a realizar suas contribuições mais importantes por volta dos 40 anos, mas nos séculos dezenove e vinte, isso se dá em torno dos 30 anos. Escreve ele: "O período mais criativo da vida tornou-

---

(3) Harvey C. Lehman — *Age and Achievement*. Princeton: Princeton University Press, 1953.

se mais curto à medida que a vida, em si mesma, tornou-se mais longa".

O novo não seria encorajador para os velhos, se Lehman também não tivesse descoberto que, em vários campos, há significante ressurgência de criatividade na velhice. Por exemplo, sua curva de produção superior de poemas líricos apresenta um pico entre os 25 e os 29 anos, e outro entre 80 e 84. Sua curva para a produção dos livros mais influentes, entre setenta autores, mostra um pico entre 35 e 43 anos, e outro entre 60 e 64 anos. Dentre as pinturas importantes do Louvre, há muitas feitas por artistas de cerca de 30 anos, mas também várias pintadas por artistas septuagenários. Boa parte da produção de música camerística foi realizada por compositores entre os 30 e os 40 anos, mas há uma grande quantidade de composições feitas quando seus autores estavam em torno dos 70 anos de idade. Os filósofos parecem ser particularmente produtivos entre 35 e 40 anos, mas permanecem produtivos após os 80 anos.

O realce à novidade

Num certo sentido, as crianças são originais e criativas, porque tudo o que fazem é novo para elas. As novas características do mundo que as cerca despertam-nas para ações novas. Com o crescimento, as novas coisas a aprender se tornam cada vez menos numerosas, e elas começam a recorrer a velhas rotinas. Se as táticas antigas funcionam tão bem, não há razão para ser original. Os idosos são muito mais propensos do que os outros a tentarem resolver problemas de modo tradicional, e a serem menos originais e criativos por praticarem, há muito tempo, as velhas soluções. Mas alguns problemas não podem ser resolvidos por meios antiquados. (O tédio resultante da falta de variedade é um deles.)

A origem de poemas, novelas, quadros e músicas criativas é como a origem das espécies. Assim como as variações genéticas, possivelmente aleatórias, são selecionadas pelas suas conseqüências para a sobrevivência da espécie, assim também as variações em poemas, quadros e composições musicais são selecionadas por seus efeitos sobre o escritor, o artista ou o compositor. Pessoas criativas sabem: (1) como encorajar variações em seu trabalho, e (2) quais as variações a aceitar e quais a rejeitar. Sua fama depende de quanto seus leitores, apreciadores ou ouvintes concordam com suas seleções. Se uma grande maioria concorda, sua obra é chamada de universal.

A realização de mudanças deliberadas

Um modo de ser original é fazer mudanças deliberadas nos modos como se executam as coisas. Tente converter "verdades" auto-evidentes em seus opostos, e veja o que acontece. Se acha que deve seguir um dado curso de ação, observe o que acontece se não segui-lo. Se está acostumado a ir por um caminho, tente outro. Tente especialmente evitar fazer coisas como aprendeu a fazer, mesmo que seja apenas para ver no que dá. Quanto mais extravagantes as variações, mais valiosas serão as que provam o significado de sua manutenção. Para variar o velho clichê da Madison Avenue: hasteie suas idéias nos mastros das bandeiras e veja se *você* as saúda.

6. O manter-se ocupado

Para muita gente, a velhice começa com a aposentadoria. Como em geral há alguma possibilidade de opção quanto a essa questão, pode parecer possível adiar a velhice. Mas a aposentadoria tardia não é uma solução atraente para todo mundo. Ao contrário, a maioria se aposenta assim que possível. Com freqüência são encorajadas para tanto. A Previdência Social[1] faz isso, e costuma-se dizer aos velhos que estão retendo empregos que poderiam ser ocupados por jovens, muito mais necessitados de trabalho do que eles. Como os trabalhadores jovens ganham menos que os velhos, as indústrias às vezes oferecem pensões, para tornar a aposentadoria mais atraente. (Em algumas indústrias, os trabalhadores idosos são encorajados a pedir demissão precocemente e ficar recebendo o seguro-desemprego o máximo que puderem, e o empregador cobre a diferença de rendimentos durante esse

---

(1) Nos Estados Unidos, é o órgão governamental responsável, entre outras coisas, pelos planos de pensão e aposentadoria aos idosos. No Brasil é o Ministério da Previdência e Assistência Social que centraliza esse tipo de atendimento. (N. T.)

período e nos arranjos subseqüentes de pensão. Assim, por alongar a velhice, a aposentadoria precoce transforma o problema de viver bem a velhice numa questão das mais sérias.)[2]

A aposentadoria é uma idéia moderna. Até tempos recentes, quando as pessoas envelheciam, simplesmente diminuíam progressivamente suas atividades, ou se voltavam para um trabalho mais fácil. Em 1870, nos Estados Unidos, apenas um quarto dos homens com mais de sessenta e cinco anos não trabalhavam. Cem anos mais tarde, esse número passou para três quartos[3]. As mulheres americanas também estão "se aposentando" mais cedo. Quando as famílias eram maiores, os pais em geral andavam pela casa dos ses-

---

(2) Evidentemente, os autores se referem à realidade norte-americana, diferente da brasileira também quanto à política social em relação ao idoso e ao desempregado. No entanto, por obra de um conjunto de distorções de ordem econômico-política e social, ser aposentado no Brasil é o mesmo que ver o salário minguar mês a mês, numa situação em que a aposentadoria se configura mais como castigo ou engodo, do que como prêmio ou direito do trabalhador. Os cálculos para a concessão do salário-benefício (aposentadoria) são baseados em tempo de serviço e ela não pode exceder, no resultado, em até dez vezes a unidade salarial (baseada no salário mínimo da região). Para o homem com 30 anos de serviço, por exemplo, o salário benefício é igual a 80% da soma dos últimos 36 salários, dividido por 36. Com 35 anos de serviço, o percentual sobe para 95%, limite máximo para esse cálculo. Com 30 anos de serviço, a mulher se aposenta com 95% da soma dos últimos salários dividido por 36. Os reajustes desses salários são anuais e nos últimos anos não têm ultrapassado o índice de 80% do INPC (Índice Nacional de Preços ao Consumidor), usado no Brasil para cálculo dos rendimentos dos assalariados, não sendo ainda simultâneos aos dos trabalhadores na ativa. (N. T.)

(3) De acordo com dados do censo de 1980 do IBGE, a população economicamente ativa de 60 anos alcançou o índice de quase um terço dos inativos dessa faixa etária. (N. T.)

senta quando os filhos deixavam o lar. Hoje, às vezes, eles não têm mais de quarenta e cinco anos quando isso acontece. Por começar tão cedo, a velhice se prolonga por um longo tempo.

Os que levam vida ativa e gostam do seu trabalho, em geral consideram a aposentadoria como um merecido descanso. O padrão é estabelecido quando as pessoas são jovens — elas se aposentam (*sic*) todas as noites; desfrutam do fim de semana, todas as semanas; tiram férias todos os anos. É fácil pensar na aposentadoria como conseqüência de uma vida ativa, como algo que se encaixa nesse padrão. No entanto, o descanso é restaurador, e aqueles que se aposentam para descansar, logo se vêem loucos para voltar ao trabalho — só que agora estão desempregados.

Outros se aposentam tão logo quanto possível porque não gostam do seu trabalho. Fizeram sua obrigação, e assim que deixaram de ter uma razão forte que os compelisse a continuar, ficam satisfeitos por parar. Terminaram os trabalhos da vida; a aposentadoria é uma fuga. Mas, em geral essas pessoas pensam que escaparam de algo de que realmente gostavam. Seu trabalho os levava para fora de casa, permitia contatos com outras pessoas e ocupava-lhes um tempo que hoje custa a passar. Talvez possam praticar seu esporte favorito, coisa tantas vezes adiada, assistir mais televisão, visitar mais os amigos, mas ainda sobra tempo, e o tédio pode ser penoso. Para a maioria das pessoas, o *dolce far niente* é uma receita para férias breves; mas não querem ficar "de papo pro ar" o resto da vida. Com freqüência, as crianças pequenas têm um discernimento inusitado em relação ao incômodo ocasionado pela falta de atividade interessante.

"Eu não tenho nada para fazer" é uma reclamação comum.

O problema presumivelmente se originou há centenas de anos, quando a substituição da pesca e da caça pela agricultura e a domesticação de animais, a par do desenvolvimento de métodos mais avançados de produção, criou substanciais parcelas de tempo livre. O problema tem existido desde então. Deteriorou ainda mais os esquemas e práticas voltadas para a racionalização do trabalho, a despeito dos ganhos resultantes de sua invenção. Historicamente, sem exceção, os ricos voltaram-se para os jogos de azar, os esportes violentos e o consumo excessivo de comida, álcool e drogas. Preencher o tempo livre é igualmente um problema para pessoas internadas ou vivendo com seguro-desemprego, e é raro saírem-se melhor na matéria do que as pessoas ricas. Com respeito ao tempo livre, a velhice é semelhante à riqueza e à pobreza. Há solução para esse problema?

O que o trabalho tem de bom?

Carlyle disse que "todo trabalho é nobre, mesmo o catar algodão". Essa afirmação não tem muito peso hoje em dia. Ela é rejeitada — juntamente com outros aspectos da ética protestante —, como um artifício usado pelos ricos para justificar os baixos salários pagos aos pobres. Em seu sentido usual, "elevado", "ilustre", "sublime", ou "nobre" parecem estranhas palavras para se aplicar ao trabalho, muito embora percebamos que elas se referem a algo que transcende o trabalho.

Há uma importante distinção entre suas conseqüências a longo prazo — por exemplo os salários — e as conseqüências imediatas ao trabalho. Estas são muito relacionadas com aquilo que apreciamos. Para ver a diferença, considere o trabalho de um artesão. Ele pode construir uma peça de mobília para seu próprio uso ou para vender, mas a conseqüência sobrevém apenas quando o trabalho está terminado. Tem pouco a ver com a maneira como ele trabalha, ou com o prazer que obtém a partir dele. Para ele, muito mais importante é como um pedaço de madeira se modifica à medida que é girado no torno, entalhado com o formão ou encaixado perfeitamente com outra peça, ou ainda como a aparência e a textura de uma superfície se alteraram, após ter sido lixada, envernizada e polida por ele. Essas conseqüências imediatas determinam cada movimento que faz e o mantêm trabalhando com satisfação.

As pessoas escrevem artigos, histórias, poemas, peças e livros pelos mesmos dois tipos de motivos. Quando um livro está terminado, ele pode ser vendido, admirado e trazer fama, mas enquanto está sendo escrito, o que é mais importante é como ficaram as sentenças, se elas expressam o que se queria dizer, se soam bem juntas, e assim por diante. Algo do mesmo gênero vale também para a pintura e a composição musical. O efeito a longo prazo da obra completa é uma coisa; o que acontece quando o pincel toca a tela, ou uma frase musical é testada no teclado, é outra.

A diferença entre conseqüências imediatas e a longo prazo está no cerne de todos os jogos e esportes. Os jogadores de golfe empurram e tocam levemente a bola para o buraco, de modo a ganhar ou perder o jogo, ao seu final. Mas o bom ou mau desempenho do jogador, sua satisfação ou insatisfação dependem da bola ir na direção correta ou errada, a uma distância adequada ou inadequada, e eventualmente cair ou não no buraco. O ato de controlar o movimento de uma bola pelo movimento de um taco é o que é apreciado no jogo de golfe, independentemente da vitória. As conseqüências imediatas são a parte "nobre" do trabalho, e a parte mais freqüentemente perdida quando não há trabalho a ser feito. Seu papel precípuo é mal compreendido quando os idosos são chamados de inativos "por falta de motivação". Esta frase sugere que há algo de errado com os velhos, mais do que com o mundo em que vivem. O que faz falta são aquelas conseqüências que mantêm as pessoas ocupadas — seja no trabalho, seja no jogo — e por essa razão "motivadas".

A depressão que sofremos diante da impossibilidade de continuar a fazer as várias coisas gratificantes que fazíamos, é muito parecida com a depressão que experienciamos quando nos mudamos de uma cidade para outra. Coisas que fazíamos na cidade onde morávamos, não podem continuar sendo feitas na nova. Não podemos ir ao mesmo supermercado, ir às casas dos mesmos vizinhos, cumprimentar o mesmo carteiro e levar o cachorro a passear pelas mesmas ruas. Grande parte das coisas que gostávamos de fazer, não nos são mais acessíveis. A depressão resultante é também como a perda de alguém por morte, tudo o que era agradável fazer com essa pessoa, não pode continuar a ser feito. Quando aposentados, perdemos nosso trabalho, da mesma forma como perdemos uma cidade ou um velho amigo.

Alguns obstáculos quanto a manter-se ocupado

Manter-se ocupado é difícil, se outras pessoas, com a melhor das intenções, começam a fazer as coisas para nós. A ajuda só é realmente boa quando oferecida àqueles que necessitam ser ajudados. (Um Deus verdadeiramente compassivo, ao contrário do velho ditado, não ajudaria aos que se ajudam. Ele ou ela não nos privariam do gosto da realização.) O amigo bem-intencionado que segura nosso casaco, rouba-nos a chance de exercitarmos músculos usados mais raramente. O amigo que pára o carro e nos dá uma carona priva-nos de uma saudável caminhada. Os que fazem as compras para nós determinam que vivamos entocados. É difícil recusar ajuda porque aceitá-la é fácil e não fere sentimentos, mas os amigos que realmente querem ajudar, deverão ficar satisfeitos em saber que preferimos fazer algumas coisas sozinhos.

(É duro não ajudar. Observamos um menininho tentando amarrar seus sapatos, e ficando cada vez mais tenso pelo esforço crescente despendido. Então, damos o laço para ele e o privamos da oportunidade de aprender a fazê-lo. Os idosos inspiram a mesma espécie de ajuda não solicitada e sofrem muito com isso. Os asilos literalmente apressam a morte dos velhos, por lhes dar ajuda não-necessária. Nem sempre ela é oferecida por compaixão. Fazer as coisas pelos idosos é simplesmente mais fácil, rápido e barato do que deixá-los fazer as coisas por si mesmos.)

Certamente não podemos nos manter fazendo tudo o que fazíamos antes. Não importa quão bem tenhamos corrigido as imperfeições biológicas da idade, quantos aparelhos usemos, ou quão bem planejado e agradável seja nosso ambiente: estamos fadados a fracassar em algumas das coisas que anteriormente fazíamos bem. É um exagero dizer, como Bulwer-Lytton:

No vocabulário dos jovens
... não existe essa palavra
— Fracasso!

Os jovens ocasionalmente fracassam, mas fracassamos com mais freqüência na velhice. O impulso natural é simplesmente parar de fazer o que não conseguimos mais fazer com sucesso, mas a não ser que encontremos algo para pôr no lugar, não teremos nada para fazer.

Manter-se ocupado não significa nunca descansar. Descansar não é ficar entediado. Mais que isso, é uma das coisas mais agradáveis de se fazer — quando precisamos de descanso. O não-fazer-nada do tédio é o mesmo que não-ter-nada-para-se-querer-fazer.

O fazer por fazer

Melhor que ficar procurando algo para fazer, você pode de vez em quando querer parar de fazer alguma coisa que já não curte mais, algo que vem fazendo sem os resultados que antes conseguia. Semelhante comportamento parece irracional, mas pode ser explicado. Ele ocorre quando gradualmente as conseqüências se tornam menos freqüentes. Um exemplo natural é pescar num rio pouco piscoso. O pescador terá de esperar por intervalos muito longos entre cada episódio de sucesso. Se, logo nas primeiras tentativas, ele consegue pegar peixes, demorará mais para desistir da pescaria, mas ocorreria o inverso se logo de início ele não tivesse fisgado nenhum peixe. (Willy Loman, em *A Morte do Caixeiro Viajante*, de Arthur Miller, esgotou suas possibilidades na praça.)[4] Um outro exemplo é a tragédia do jogador que é "bafejado" precocemente pela sorte, e então nunca mais consegue parar. A realidade pura e simples é que grande parte do que você faz foi aprendido quando você era mais eficiente. Se olhar de uma maneira nova para resultados usuais, poderá voltar-se para outras coisas.

Manter-se ocupado apenas porque você sente que deve (ou porque você leu um livro que dizia que deve) não parece ajudar muito. Você precisa extrair mais do que faz, mais do que uma fuga de sentimentos de culpa por ser desocupado. Ao invés de lutar para gostar do que está fazendo, lute por algo de que gosta mais. Isso pode tomar algum tempo. Você conhece o que gosta de fazer agora, mas não o que gostaria de fazer se fosse bem-sucedido.

Aposentadoria da aposentadoria

A maneira ideal de nos ajustarmos à diminuição da habilidade e da força na velhice, é diminuir a velocidade, trabalhando menos horas por dia. Com freqüência a redução da velocidade se constitui num problema. O ritmo de trabalho é uma das coisas que se

---

(4) ...antes de se suicidar, oprimido pelo insucesso. (N. T.)

aprende na juventude. Mesmo que não mais funcione, é difícil mudar. Tente movimentar-se bem devagar por alguns minutos, ao realizar uma tarefa familiar. Se já viu um bicho preguiça no zoológico, tome-o brevemente como modelo. Provavelmente fará as coisas de uma maneira diferente, a qual se mostrará proveitosa, quando retornar a um ritmo mais razoável.

Se você for obrigado a se aposentar de uma vez, considere as chances de desenvolver o mesmo tipo de trabalho em outro lugar. (Não se preocupe com a Economia. A saúde de uma nação depende da produtividade de seus cidadãos, e a nação como um todo fica mais empobrecida quando aqueles que podem contribuir de alguma forma, são impedidos de fazê-lo. O problema do desemprego não deve ser resolvido através do sacrifício pessoal dos idosos. Eles estão entre os desempregados, e devem resolver seu problema como desempregados.) Se você se aposentou porque não consegue mais trabalhar, ainda pode ser útil para ensinar os outros. O jogador de futebol torna-se um técnico; o homem de negócios, um consultor...

Se não consegue encontrar o tipo de trabalho que fazia no passado, tente algo novo. Não precisa ser algo que o atraia à primeira vista. Muita gente leva uma vida infeliz porque escolhe um campo de trabalho de que pensava gostar, mas de que não gostava. Muitos desistem de um campo promissor, antes de descobrir que gostavam dele. Talvez seu primeiro trabalho não o atraísse quando o começou, mas você passou a apreciá-lo à medida que se tornou mais hábil. Procure algo que *pode* fazer; há chances de que comece a gostar, na medida em que o fizer bem. Se a frustração ou o fracasso o incomodarem, comece lentamente. Se tentar fazer algo novo por uma ou duas horas por dia, no máximo, sem se impor grandes exigências, ficará surpreso com a facilidade com que será capaz de trabalhar por mais horas, e em trabalhos mais difíceis. Mas não desanime se levar muito tempo. Lembrese de quanto demorou para aprender as coisas que faz usualmente. Bacon estava errado quando disse que "aprendemos na juventude e agimos na velhice". Devemos certamente aprender antes de agir, mas isso é verdadeiro em qualquer idade. Cachorros velhos têm sido ensinados a fazer muitos truques novos, por professores habilidosos.

Coisas para fazer

Muitas organizações filantrópicas e de caridade ficarão muito satisfeitas por contar com sua ajuda como voluntário. Você se envolverá cada vez mais profundamente em seus objetivos, mesmo que de início não esteja particularmente interessado. Um outro campo provavelmente aberto a você, e em que poderá pouco a pouco sentir-se realizado, é a política. Cerca de um terço dos votantes em eleições nacionais têm agora sessenta e cinco anos[5], e podem obter resultados que afetam profundamente o bem-estar dos idosos —

(5) Não há dados brasileiros disponíveis a esse respeito, evidenciando por um lado a pouca importância dada aos velhos pela classe política, e, por outro, a alienação deles quanto aos seus direitos e possibilidades de intervir politicamente nos destinos do País, e particularmente dos idosos. (N. T.)

por exemplo a melhoria dos serviços de saúde, da Previdência Social e da política habitacional. Houve recentemente grande progresso quanto à ajuda a portadores de deficiências severas. Pode-se fazer muito mais ainda pelos idosos, tal como o fornecimento de transporte público gratuito fora dos horários de pico[6], e de livres oportunidades educacionais[7]. Você pode trabalhar por essas mudanças de um modo modesto, escrevendo cartas a editores ou a políticos. Pode apoiar candidatos que mostram algum interesse pelos problemas dos idosos. Pode dar telefonemas em épocas de eleição, sobrescritar envelopes, angariar votos de porta em porta, de acordo com sua capacidade e seu conhecimento. O poder político organizado dos idosos cresce a cada ano, e você deve desejar começar a participar dele. Fazendo isso, poderá ter duas vanta-

---

(6) Cerca de 20 cidades no Estado de São Paulo oferecem transporte gratuito aos idosos (entre elas São Paulo, Santos, Jundiaí, Ribeirão Preto, Bauru, Araraquara, Rio Claro, Osasco, Valinhos, Santo André e São Bernardo do Campo). No entanto, depoimentos informais de idosos vivendo em grandes cidades dão conta de problemas que enfrentam comumente de ônibus que não param nos lugares convencionados (pontos) quando há idosos e do velho ter de se expor, entrando no coletivo pela porta da frente. São Paulo e Campinas mantêm Comissões Municipais do Idoso, com o intuito de melhorar as condições de atendimento desse segmento populacional, congregando os vários setores da comunidade. No Rio de Janeiro essa Comissão foi criada e extinta. (N. T.)

(7) No Brasil isto é quase uma abstração. O sistema de ensino não participa deste esforço. A assinalar a atuação do SESC — Serviço Social do Comércio — que oferece a idosos atividades socioculturais e de atualização nas cidades onde oferece serviços (23 no Estado de São Paulo). Em 1977, o SESC fundou em Campinas-SP, a Escola Aberta de 3ª Idade. Em São Paulo e Curitiba, particulares mantêm a chamada Universidade da 3ª Idade. (N. T.)

gens: manter-se-á ocupado e se beneficiará das mudanças que ajudou a promover.

É possível organizar ou filiar-se a um grupo local que se reúna por prazer ou com o objetivo de ajuda mútua, quanto aos problemas do envelhecimento. Pode-se também congregar e promover uma organização nacional, semelhante à Associação Americana de Aposentados. Pode não estar distante, no futuro, uma organização internacional em prol da melhoria da sorte dos idosos do mundo inteiro. Você pode apoiar ativamente candidatos que sugiram ou apóiem legislação com vistas à melhoria do destino dos velhos, com respeito à Previdência Social, à inflação, aos serviços de saúde e à política habitacional.

De todos os problemas da velhice, talvez manter-se ocupado seja o que mais se beneficie de um planejamento precoce. Ao invés de ter uma perspectiva da aposentadoria como um descanso atraente, ou como uma fuga do trabalho passado, certifique-se de que conhece seu real significado. Quando escolher uma ocupação, considere se ela eventualmente lhe permitirá ir diminuindo devagar sua atividade, em lugar de ter de parar de repente. Levar em conta as mudanças que a velhice exigirá é mais fácil na escolha de uma ocupação do que na escolha de uma profissão. Se já fez sua escolha, ainda há chances de alterá-la de modo a permitir-se permanecer proveitosamente ativo na velhice.

7. A organização do seu dia

Usualmente a velhice significa mudanças quanto a onde e como vivemos. Talvez nos mudemos para uma casa menor; talvez para um país ou clima mais quente; para mais perto (ou mais longe) de nossos filhos; para perto de coisas de que gostamos especialmente, ou para um local menos dispendioso. Decidir se nos mudamos ou não é muito parecido com decidir se nos aposentamos ou não: sabemos mais sobre nossa vida anterior à mudança do que sobre o que nos espera. Faremos novas amizades? Quantas das coisas que apreciamos atualmente continuaremos a fazer? A decisão pode ter conseqüências angustiantes. Um velho casal muda-se corajosamente para um novo mundo, seguros de terem um ao outro, mas logo o membro sobrevivente, em geral a mulher, se vê solitário.

Onde quer que vivamos, podemos nos sentir confinados a poucos quarteirões. A aposentadoria despojou-nos de razões para sairmos de casa, e nosso deslocamento se torna mais difícil. Algo precisa ser feito para tornar mais agradável o estar em casa.

Um espaço de vida agradável

Seja onde for que viva, vale a pena promover uma simplificação radical. A mudança de casa usualmente torna mais fácil essa simplificação, mas se você decidir permanecer na mesma, faz-se necessária uma ação deliberada. G. Stanley Hall, um psicólogo que escreveu um livro sobre a velhice[1], disse que, ao se aposentar, fez uma inspeção completa em sua casa inteira, do sótão ao porão, e livrou-se de tudo que não queria mais. Chamou esse processo de livrar-se das bugigangas. Cuidar da casa pode transformar-se num problema: você começará a entender o que quis dizer Thoreau ao afirmar que não é o homem que possui uma casa, mas sim a casa é que possui o homem. Se não pode se mudar para uma casa menor, ao menos simplifique a sua.

Já é tempo de se desfazer de muita coisa desnecessária, doando-as a amigos ou a instituições de caridade (especialmente às que permitem abatimentos no imposto de renda), bem como de coisas especiais que permitiria serem levadas por pessoas especiais. (Se você tem muitos guardados, pode se sentir como que legando coisas a si mesmo — aquele presente que encostou por ser-lhe inútil na ocasião, mas que lhe teria sido algo especial durante os últimos cinco anos.)

---

(1) G. Stanley Hall, *Senescence*. Nova York: D. Appleton & Co., 1922.

Variedade

Shakespeare disse a respeito de Cleópatra; "A velhice não deixou nela suas marcas, nem o hábito fez com que perdesse a vivacidade e sua infinita variedade". Ela não viveu o suficiente para dar uma chance à velhice, mas esta teve sua chance com você? Provavelmente você feneceu um pouco, mas boa parte da perda de vivacidade poderia ter sido evitada. O hábito é com certeza o vilão. Torna antiquadas nossas vidas, em todas as idades. Tendemos a fazer o que estamos acostumados porque o fizemos com sucesso, mas somos vítimas dessa mesmice.

Mesmo tendo sido cuidadosamente planejada e decorada, a casa se torna monótona. No correr dos dias ela é sempre a mesma. A falta de variedade pode ser uma questão de falta de cuidado. Assim como você não toca a mesma peça musical todos os dias, por que teria que manter os mesmos quadros nas paredes, entra ano sai ano? Você tê-los-á colocado para serem olhados, mas será por pura sorte se já não deixou de prestar-lhes atenção há muito tempo. Por que colocar quadros nas paredes, enfim, se não porque dá prazer olhar para eles?

Se deseja redescobrir o encanto dos quadros, eis um experimento digno de ser tentado. Há coletâneas de reproduções excelentes, com freqüência vendidas com bons descontos. Escolha uma do seu gosto e separe-a. Coloque essa página num lugar onde possa ocasionalmente ser vista durante o dia, como por exemplo sua mesa de jantar. Troque-a diária ou semanalmente. Se descobrir, o que é muito possível, que vale a pena olhar para um determinado quadro, poderá comprar uma ampliação dele, para pendurar na parede, e assim sucessivamente, trocando os quadros com freqüência. Com certeza é fácil mudar a música que estamos ouvindo. Um bom rádio ou toca-discos dá conta disso.

Existe uma razão por que é especialmente difícil aos idosos aprenderem novas formas de viver. Continuamos a falar a mesma língua, enquanto somos entendidos. Quando nos mudamos para um país onde se fala uma língua diferente, devemos procurar quem fala nossa língua, ou aprender a nova. Da mesma forma, continuamos a vestir as mesmas roupas, viver no mesmo bairro, falar e fazer as mesmas coisas.

Ao envelhecer e não sermos mais capazes de fazer bem várias coisas, devemos permanecer juntos com outros velhos, afetados como nós, ou aprender novos modos de viver. Mas, assim como aprendemos nossa primeira língua com mais facilidade, porque não tínhamos outra a que recorrer, também aprendemos nosso primeiro estilo de vida mais facilmente, porque não dispomos de outro. O jovem deve escolher entre algo novo e nada, mas os velhos que tentam algo novo e fracassam, podem, com a maior facilidade, retroceder para antigos caminhos.

A eliminação de aborrecimentos

Você viverá melhor sua velhice, se puder evitar pequenos aborrecimentos. O problema mais importante a mencionar é que, por se insinuarem muito lentamente, os aborrecimentos acabam passando despercebidos. Você se dessensibiliza. O colchão aos poucos vai se deformando, e o lugar onde você costuma deitar fica cada vez mais desconfortável. Aceitar o desconforto sem reclamar talvez seja um ajustamento satisfatório, mas um novo colchão — mais adaptado às suas necessidades — faz uma grande diferença. Se sua cadeira predileta deixou de ser cômoda, será uma delícia ter uma nova. À medida que sua visão se altera, a luz brilhante concentrada se torna penosa. Você desistirá da iluminação a vela e ela perderá seu valor nostálgico. O uso de luz fria, apropriada para leitura, ser-lhe-á uma agradável surpresa.

Fazer esforços físicos repentinos não é um bom exercício. Portas e gavetas não devem permanecer emperradas. Carregar uma sacola ou mala pesada pode ocasionar dor nas juntas, se você não se utilizar de uma alça larga para os ombros. Quando conveniente, use um carrinho quando vai às compras. Em casa, coloque ao seu alcance as coisas que utiliza mais freqüentemente. Se sua garagem é fechada, instale uma porta automática. Se tiver de transportar o botijão de gás cada vez que ele acaba, adapte rodinhas a umas tábuas para deslocá-lo, por exemplo.

Os mais velhos com freqüência necessitam ter ambientes mais quentes, o que ocasiona mal-estar às pessoas mais jovens com quem eventualmente convivam. Uma solução é usar roupas mais quentes. Pode-se tentar também usar as modernas roupas íntimas aquecidas. Um bom cobertor resolve o problema à noite; durante o dia, se seus pés ficam gelados, utilize meias de lã e uma manta se tiver de permanecer sentado por períodos mais longos. Esse é um conselho superbatido, mas é surpreendente como é pouco seguido.

85

Não é necessário que você se mude para a Flórida ou a Califórnia para alterar seu estilo de vestir-se. Se há roupas e sapatos mais confortáveis e práticos do que os que sempre usou, por que não mudar? Barulho e poluição são problemas cada vez mais sérios. Muita gente apenas deixa de se importar com eles, e talvez essa seja uma solução. Uma outra é mudar-se para o subúrbio ou para o interior, mas fica caro. Há soluções mais acessíveis. Tampões para os ouvidos (feitos de algodão suave, e disponíveis em drogarias) suprimirão o barulho da rua ou do rádio ou televisão do vizinho. Condicionadores de ar ou purificadores de ar em aerosol poderão mascarar, se não remover, os odores desagradáveis. Pode ser que você não queira que fabricantes de sabão, polidores de móveis e líquidos de limpeza determinem os cheiros de sua casa. Antigamente, quando os maus odores eram amplamente devidos a más condições sanitárias, as pessoas apelavam para perfumes fortes e incenso. Provavelmente você não será alvo de críticas, se resolver seu problema da mesma forma.

Segurança

As doenças interferem na alegria de viver, e essa interferência é mais comum na velhice, quando estamos mais expostos a elas. Músculos enfraquecidos e visão deficiente se combinam para aumentar o risco de que escorreguemos e não consigamos nos segurar na queda. Ao atravessar a rua já não estamos tão alertas quanto antes a uma bicicleta na contramão ou a um sinal de advertência. O ritual de parar, olhar e escutar ajuda. Você teria aprendido a olhar e a escutar quando era jovem, se tivesse nascido com um defeito de visão ou audição, mas nunca é tarde para aprender. Uma estratégia útil consiste em melhorar a segurança do espaço em que vive. Cuide para que todos os capachos tenham base emborrachada e que não haja fios elétricos que o façam tropeçar. As cadeiras devem ser fáceis de sentar e levantar. Se você, como ocorre com alguns velhos, tem tendência a cair da cama, coloque uma guarda de proteção. Coloque corrimões em todas as escadas. Um corrimão chumbado ao lado da banheira pode ser literalmente um salva-vidas. Entre e saia da banheira precisamente do mesmo modo todos os dias, segurando no suporte da cortina, como um dançarino praticando um passo difícil. Por várias décadas você fez coisas de maneiras suficientemente seguras, mas agora é época de aprender novas formas de se comportar.

Você viverá melhor a vida, se se sentir seguro em sua casa. Para tanto, torne-a segura. Um ferrolho grande na porta, evita riscos de maneira redobrada. É muito fácil instalar travas em janelas. Se acha que poderá precisar de ajuda numa emergência, destrave o ferrolho e deixe uma chave extra da fechadura com uma pessoa de confiança. É essencial dispor de um modo fácil de pedir ajuda.

Uma casa realmente segura contribuirá para uma boa noite de sono, sem mencionar a boa saúde. Se você tem medo de não perceber a presença de intrusos quando está dormindo, instale um alarme anti-roubo. Além de assustar o invasor ele despertará você instantaneamente. Os alarmes são baratos, podendo ser instalados de modo a permitir que você os desligue antes de se levantar da cama. Um cachorro de porte apropriado à sua casa pode compensar o trabalho que acarreta.

Se você tem medo de ser assaltado na rua, siga um conselho trivial: ande somente em ruas iluminadas, preferivelmente acompanhado, e evite desvãos escuros. Carregue consigo um mínimo de coisas de valor. Se sua bolsa ou pasta for arrancada com um puxão, solte-a para não correr o risco de ter seu cotovelo deslocado. Lembre-se de que o assaltante está em vantagem: ceda, se quiser continuar vivo para ser assaltado outro dia. A delegacia de polícia de seu bairro ou de sua localidade deve ter outras sugestões quanto à autoproteção em sua área.

A programação de sua vida

Com a aposentadoria, seu esquema de vida diária tende a ser rompido. Se vive sozinho, ficará tentando a levantar-se só quando der vontade, a ficar de pijama o dia inteiro e a só comer quando lhe apetecer. É como se sempre fosse fim de semana. Se vive com outra pessoa, a organização pode advir do ajustamento dos esquemas de ambos, mas sempre é possível cair-se numa desordem à deux.

Há muito o que se dizer sobre uma rotina diária razoavelmente rígida. Ela pode ser boa para a sua saúde. Pessoas que viajam continuamente para diferentes partes do mundo, usualmente padecem de distúrbios em seus esquemas. Com uma boa rotina, você não necessitará tomar decisões sobre o que e quando fazer, e não perderá oportunidades de desfrutar de atividades agradáveis. Alguns velhos conseguem manter os esquemas da juventude, mas outros precisam replanejá-los. Temos um amigo que nunca deixa seu quarto, pela manhã, sem ter arrumado a cama, e outro que jamais toma café, sem ter dirigido, na distância prescrita, sua bicicleta estacionária. Tais estratégias evitam o problema de se ter de tomar resoluções novas e usualmente repetitivas.

Um programa de TV favorito ocupa um determinado horário do dia, e os períodos de trabalho, exercício e lazer podem ser construídos em torno dele. Se você leu as histórias de detetive de Rex Stout, poderá tomar Nero Wolfe por modelo: independentemente da seriedade do caso com que estiver lidando, ele passa uma hora predeterminada por dia com suas orquídeas. Verá como é bom ter horas apropriadas para meditar, ler, escrever cartas, cuidar da casa e rever seus sucessos no planejamento de sua vida (exercícios programados, alimentação adequada, seguimento das prescrições médicas — e possivelmente também de nossos conselhos).

Dieta e exercício

Dieta apropriada e exercício contribuem para uma vida longa e saudável, e, por conseguinte, mais agradável. Seu médico é quem melhor pode orientá-lo em relação ao que deve comer e à quantidade de exercício que deve fazer, mas infelizmente saber o que precisa fazer não significa necessariamente que você o fará. Fazer um registro pode ajudar. Estabeleça metas, e dia por dia vá preenchendo os quadrinhos de um calendário, conforme seus progressos em direção a elas. Descubra um lugar onde goste de andar ou arranje outro motivo pessoal para sair a passeio. Conhecemos uma mulher que sai todos os dias para comprar apenas o necessário para o jantar. Assim, ela é "forçada" a sair de casa mesmo quando não tem vontade; acontecem coisas agradáveis no caminho, e ao retornar, ela sempre está contente por ter ido.

Lazer

Aquilo que fazemos, seja num local que tornamos o mais agradável e confortável possível, seja fora dele, é especialmente importante para o viver bem. Na verdade, é sabido que nos segundos quarenta anos de vida, a felicidade depende mais de como usamos nosso lazer do que de qualquer outra coisa.

Os velhos têm mais tempo para se dedicar às coisas, mas em geral acham difícil encontrar coisas para fazer. Matar o tempo merece pouca consideração. Thoreau afirmou que não podemos matar o tempo sem estarmos injuriando a eternidade e, seja isso verdadeiro ou não, certamente não o fazemos sem encurtar o tempo que nos sobra para viver bem a vida. Precisamos encontrar formas de *preencher* o tempo. Por certo, muitas coisas dependem de nossas finanças. Contudo, é confortador ponderar que os cursos de lazer nunca resolveram com muito sucesso esse problema — embora ensinem as pessoas a ocuparem melhor seu tempo livre, não as fazem precisamente mais felizes por isso. É possível fazer muitas coisas com recursos limitados.

Se um dia você tocou um instrumento musical, ou escreveu poemas ou histórias, ou pintou, ou colecionou selos, tente recomeçar. Várias bibliotecas locais contêm outras coisas além de livros; são muito mais ricas em coisas para se fazer do que as pessoas imaginam. Por certo um rádio resolve o problema de se dispor de músicas para ouvir, mas se o seu não pega as faixas que tocam o que gosta, compre outro mais potente. Se não mais ouve bem, mude da música para a leitura ou arte visual; se não enxerga bem, volte-se para a música. Se de todo não houver nada que possa retomar, aprenda algo de novo. Há excelentes cursos de educação de adultos em várias cidades, bem como programas de TV que ensinam pintura, escultura, bordado e outras artes. A partir de outros programas de televisão você pode aprender como agradar a um *gourmet*, e como tornar-se um *gourmet* para ter prazer; que tipos de plantas vão bem em seu espaço e como ter boa mão para plantar, coisa que você nunca acreditou pudesse acontecer. (Na ausência de uma janela ensolarada, pode-se usar um tipo especial de luz artificial.) Se nunca fez coisas desse tipo, está numa posição invejável, pois ainda tem muito a explorar. Animais de estimação são interessantes. Um passarinho ou alguns peixinhos num aquário exigem poucos cuidados, e podem ser deixados com um vizinho quando você viajar. Pode ser fascinante dedicar-se a um mundo biológico mais sofisticado — como por exemplo uma colônia de formigas. Um cachorro ou gato dão mais trabalho, mas com certeza são melhores companheiros.

Tente viver seu cotidiano de um modo um pouco diferente. Apenas por uma semana ou duas, experimente ler jornais ou revistas ou livros diferentes. Assista diferentes programas de TV e sintonize novas estações de rádio. Veja pessoas diferentes, indo a lugares diferentes. Talvez encontre coisas novas para fazer, e além disso, a novidade em si pode valer a pena. Você pode ainda transformar-se num explorador entusiasmado.

Jogos de azar

Muitos velhos voltam-se para jogos de azar, à procura de um toque de excitação. Uma tarde de bingo, um bilhete de loteria ou volante de loto por semana, uma ocasional aposta em cavalos — são coisas de que certamente as pessoas gostam; e alguns tipos de jogos de azar guardam ainda características de um curso de lazer, ao qual em certo sentido você passa a pertencer. No entanto, os jogos de azar favorecem o viver bem a vida, apenas se se mantiverem dentro de certos limites, de modo que você nunca aposte mais do que pode perder. Observe atentamente as probabilidades. As loterias do governo são uma má aposta. Pagam apenas uma parcela ridiculamente pequena do dinheiro coletado. Apostar em cavalos de raça é um pouco melhor. A roleta retém apenas uma pequena parcela para a casa, mas a casa não fica com nada quando você joga baralho ou organiza um bolo futebolístico com amigos.

As pessoas não se arriscam pelo fato de ganharem. Ao longo do tempo, elas quase sempre perdem. (Se os prêmios saíssem para os melhores, ninguém se daria ao trabalho de freqüentar bingos, cassinos, casas lotéricas e guichês de apostas em cavalos.) Não obstante, as pessoas apostam e usufruem da excitação proporcionada pelo jogo, em virtude da imprevisibilidade dos resultados. A mesma imprevisibilidade torna excitantes os jogos de baralho em parceria e individuais, assim como o futebol colegial da juventude. Há formas mais seguras de se desfrutar de conseqüências imprevisíveis. O vôlei, o futebol, o bola-ao-cesto, e outros esportes prendem suas audiências televisivas, na medida em que surpreendem as pessoas, e o fazem exatamente porque o desfecho é imprevisível. Com certeza os jogos se tornarão mais excitantes se você estiver apostando nos resultados.

Se você nunca viu esportes pela televisão, ficará intrigado com o envolvimento dos aficionados — e talvez um pouco desdenhoso em relação aos que apaixonadamente acompanham se a bola saiu fora do campo, passou pelas traves do gol, caiu na cesta ou no buraco. Mas, será que nunca sentiu inveja deles? Ou não gostaria de juntar-se a eles? Com muita freqüência respondemos a uma questão dessa natureza dizendo, "Eu não sei se gostaria disso". Mas o que você vê de modo ingênuo no vídeo não é o que os outros vêem. Eles conhecem o jogo e a importância de cada lance. Acontecerá o mesmo com você, se acompanhar por algum tempo um bom comentarista, e descobrir o que realmente se passa. Você poderá então começar a gostar do jogo e a compartilhar da excitação dos que são cativos de suas conseqüências imprevisíveis.

Talvez você seja pouco complacente com os apreciadores de novelas de rádio e televisão. Se nunca assistia esse gênero de programa, uma pequena amostra não significará muito, mas lembre-se — mais uma vez

— que você não está vendo o mesmo que os aficionados, que acompanham todos os capítulos. Só após ter assistido a um certo número de episódios é que entenderá a trama e estará preparado para uma ocasional e excitante surpresa. As novelas de Dickens, Trollope e outros foram publicadas pela primeira vez, em fascículos seriados. Alguém que escolhesse ao acaso um episódio isolado do *David Copperfield*, provavelmente jamais haveria de gostar dessa obra.

A diferença entre a boa literatura e a literatura barata reside amplamente na distribuição de eventos excitantes. As tiras de quadrinhos humorísticos permitem-nos rir ao final de cada seqüência de quatro quadrinhos, mas na literatura barata ocorre algo moderadamente interessante em quase todas as páginas. Quando você aprender a gostar da boa literatura, será capaz de ler passagens mais longas, não interessantes em si mesmas, nem quanto ao desfecho da história, mas que contêm eventos que preparam para uma mudança. Não vale a pena tentar desenvolver o gosto por histórias de humor em quadrinhos ou por literatura barata, mas permita-se aprender a apreciar a boa literatura, a boa arte e a boa música. Há boas razões para que sejam chamadas de boas.

8. A convivência com as pessoas

"A mais perigosa fraqueza dos velhos afáveis", disse La Rochefoucauld, "é esquecer que essa qualidade não é eterna". Trata-se apenas de um caso especial do clássico problema do envelhecimento: fazemos o que aprendemos a fazer quando éramos mais jovens e mais bem-sucedidos. Assim como nossas capacidades de ver e ouvir, de nos mover rápida e precisamente e de pensar com clareza podem ter diminuído, assim também nossas relações com os outros podem se deteriorar. Como afirmou La Rochefoucauld, essa mudança é, de todas, a mais perigosa, porque estamos menos aptos a tomar consciência dela.

Podemos perguntar, todavia, se a mudança está primariamente em nós mesmos ou no mundo em que vivemos. Digamos que no passado você foi um grande conversador, mas que agora não se lembra facilmente das coisas que tem a dizer. Algumas mudanças podem estar em seus interlocutores, se eles não permanecem interessados pelo que você diz. Você pode estar interessado em menos coisas, porque seu mundo encolheu. Além disso, você esquece mais rapidamente. Lê algo no jornal da manhã que interessaria a um amigo em particular, mas se esquece de mencioná-la quando tem oportunidade. Em tais casos, nem sempre é fácil substituir lembranças por anotações; não se pode carregar uma caderneta de anotações sobre o que dizer aos amigos ao nos encontrarmos com eles, mas certamente é possível fazer algo desse gênero com amigos epistolares.

Seja um bom companheiro

Uma alteração em seu estilo pode testar sua amabilidade. Por exemplo: para você uma das inconveniências da velhice terá sido ser obrigado a parar de guiar. Com sorte, os outros agora o transportam para cá e para lá. Porém, eles podem não continuar, se você não aprender a ser um bom passageiro. Todo mundo reclama de palpites na direção, mas quase ninguém pára de dá-los. Você acha que está apenas sendo gentil quando diz que a corrente de tráfego está andando mais rápido na outra pista, que a luz vermelha mudou para verde há dois segundos, ou que há um caminho provavelmente mais curto, mas seu motorista nem sempre lhe agradecerá. Você pode não gostar da sugestão, mas deveria fechar a boca com esparadrapo. Uma fita adesiva imaginária o ajudará. Conte o número de vezes que dá sugestões durante um determinado percurso, e congratule-se à medida que o número for gradualmente caindo. Para progredir rumo a tornar-se um passageiro tranqüilo, tente imaginar que está num ônibus que vai para onde quer.

Pior ainda do que dirigir um carro vocalmente é dirigi-lo silenciosamente. Dirigir com palpites é ruim para o motorista; dirigir silenciosamente é mau para você. Você vê um carro se aproximando num cruzamento e mete os pés num freio imaginário. O sinal lá longe provavelmente fechará antes de você chegar; então você pisa num acelerador imaginário ou "torce" para que o carro ande mais depressa. Você experimentará os efeitos fisiológicos desses atos, sob a forma de sentimento estressante ou de tensão. Essa ansiedade é real — e perigosa. É um exemplo clássico do problema do envelhecimento: quando você era motorista, tinha boas razões para não despregar os olhos do trânsito, mas o que antes era essencial agora é inapropriado; agora você tem uma razão igualmente boa para olhar em outras direções.

Esta é a maneira de se resolver os problemas de dirigir vocal ou silenciosamente: *pare de olhar para a frente*. Olhe a paisagem. No interior, observe a mudança das estações, os diferentes tipos de fazendas e de vegetação, as nuvens. Na cidade, atente para a arquitetura, o modo de vestir das pessoas, e o que parecem estar fazendo. Descobrirá muitas novidades em lugares que são seus velhos conhecidos. Quando a paisagem ficar sem graça, feche os olhos e pense em algo diferente. Aprender a parar de olhar para a frente pode levar muito tempo, mas, ao final da viagem, você se surpreenderá com o quanto é fácil, agradável e saudável — para você e seu companheiro.

A mania de dar palpites na direção é apenas um exemplo de uma queixa muito generalizada quanto ao comportamento dos velhos. À medida que você vai aos poucos abandonando o papel de realizador, parece-lhe cada vez mais tentador dizer aos outros o que e como devem agir. Um conselho não solicitado às vezes é bom, mas raramente torna o conselheiro uma companhia mais valorizada.

Evite embaraços

As amenidades sociais ficam prejudicadas, quando você ouve ou enxerga mal. Ao andar numa rua congestionada, poderá não reconhecer conhecidos, a tempo de cumprimentá-los. Como não enxergar é mais desculpável do que olhar com frieza, é melhor evitar ficar olhando para os rostos dos transeuntes. Se, pelo contrário, você cumprimentar todo mundo que pensa conhecer, corre o risco de parecer um político em campanha. Quando encontrar um amigo, preste atenção se ele lhe estende a mão. Conversando com um grupo de pessoas em local mal iluminado, você poderá não enxergar quem está falando e, num momento de desatenção, perder uma pergunta dirigida especialmente a você. Se é vítima dessas confusões sociais, deve acompanhar de perto as conversas.

Se deixou de apreciar algumas coisas que fazia em companhia de outras pessoas, tome providências no sentido de parar de fazê-las. Digamos que aceitou um convite para ir, com amigos, a um restaurante escuro e barulhento. Antigamente você gostava de comer fora com amigos. Agora tem dificuldade para ler o cardápio, não consegue ouvir uma palavra do que alguém à sua frente lhe diz, e quando seu prato é retirado, descobre que derrubou comida na toalha. Se é sua primeira ida a esse restaurante, não voltará nunca mais. Há apenas uma solução: fuja ao controle exercido pela alegria que teve no passado. Quando receber um convite, pense nas conseqüências prováveis de aceitá-lo. Limite-se àquelas coisas que gosta de fazer *como você é agora*. Seja firme com amigos bem-intencionados, que se esquecem de que você não desfruta mais do que eles ainda desfrutam.

Amizades

Se você anda se encontrando pouco com amigos, quer porque estejam diminuindo, quer porque seja difícil encontrar-se com eles, vale a pena procurar velhos amigos. É possível que tenha amigos a quem não telefona há anos, os quais provavelmente ficarão contentes ao receber seu chamado. Poderá escrever-lhes, como nos velhos tempos, se escrever não for muito complicado, ou então telefonar, se as taxas para a área em que moram forem baixas, ou se puder pagar as tarifas telefônicas interurbanas. Se você dispõe de um gravador, falar é barato. É possível enviar fitas-cassete gravadas pelo correio, e se seu gravador for de fácil manejo, poderá interromper a audição da mensagem gravada de seu amigo, trocar de fita, e gravar os comentários que enviará como resposta. (Com dois gravadores você pode manter uma agradável conversa — ouvindo em um e gravando no outro, quando lhe aprouver — e sem nunca ser interrompido!)

Pessoas que não escolheram uma companhia, mas são obrigadas a conviver com ela, podem ter grandes dificuldades. A aposentadoria pode causar esse problema mesmo para maridos e mulheres, porque aumenta bastante a quantidade de tempo que passam juntos. Com freqüência, a esposa sente que a casa foi invadida por alguém que não pertence a esse mundo. Porém, viver confortavelmente com uma pessoa é melhor do que viver sozinho, e vale a pena tentar qualquer coisa que possibilite isso. Se no momento você está só, tentar viver com outra pessoa requer um pouco de coragem, mas pode compensar, particularmente se forem especificadas regras básicas de convivência. Os padrões mudaram, e deixou de ser inusitado que um velho e uma velha convivam sem serem casados. A perda dos benefícios das pensões e aposentadorias é apenas uma das razões pelas quais eles optam por não se casar. Hoje é cada vez mais aceitável anunciar aos amigos: "Viúvo, sessentão, praticante de zen-budismo, apreciador de Bartok e de política internacional, procura uma pessoa vivaz, com interesses similares. Objetivo: coabitação."

A convivência com os mais jovens

Jonathan Swift resolveu que, "quando ficasse velho, não conservaria a companhia dos mais jovens, a não ser que eles realmente desejassem isso". É um bom conselho, e, mais uma vez, o reconhecimento de nosso problema básico: fazemos o que aprendemos a fazer quando éramos mais jovens. Então, o mundo também era mais jovem. As coisas de que agora falamos, deixaram de ser novidades. Nossas piadas não são mais novas. Nosso modo de falar está fora de moda. A não ser que passemos muito tempo com pessoas mais jovens, não conseguimos imitá-los com sucesso. É melhor acatar a idade da certidão de nascimento, e agir de acordo com ela. Faremos então menos confusões, tanto com os jovens quanto com os velhos.

Swift também resolveu "não ser demasiado severo com os mais jovens, mas ser tolerante com as loucuras e fraquezas da juventude". É curioso que cada geração pense que a próxima está perdida. Obviamente isso pode não ser verdadeiro; o mundo tem sobrevivido a muitas e muitas gerações. Provavelmente não se consegue mudar os jovens criticando-os em demasia; e, com certeza, quem o fizer não será a melhor companhia para eles. Você deve necessariamente impor alguns limites a seus companheiros mais jovens. Jogando tênis ou batendo bola, ou simplesmente dando uma caminhada, por certo os obrigará a ir mais devagar. Nem você, nem seus companheiros, aproveitarão plenamente a atividade. As limitações podem não ser tão óbvias em outras áreas, mas talvez seja melhor considerar o seguinte:

... Deixe-me morrer
Quando minha chama perder seu óleo para que
/eu seja o pavio queimado
Dos espíritos mais jovens[1].

Em geral, um amigo que não vemos há muito tempo parece ter mudado mais do que as pessoas que vemos todos os dias. Nós próprios fazemos parte daquele grupo de pessoas que vemos diariamente, e, felizmente talvez, com freqüência não percebemos

---

(1) *All's Well That Ends Well* (*Tudo está bem quando bem termina* — comédia de Shakespeare). (N. T.)

quanto mudamos. Leves alterações, como pêlos no rosto ou uma verruga imperceptível, podem aparecer tão devagarinho que nem as notamos. Mas os outros notam — especialmente os jovens — e teremos mais chance de sermos aceitáveis como companhia, se fizermos todo o possível para torná-las menos perturbadoras. Elas são um sinal da idade, mas não dos que permitem que nos pavoneemos orgulhosos. Mandar tirar uma fotografia que não nos realce a beleza pode ajudar. Comparada com o rosto que vemos todo dia no espelho, a fotografia será como o amigo que não vemos há muito tempo.

A convivência com os filhos

Quando os filhos com quem temos de conviver são os nossos, há em geral questões difíceis a responder. Você vive com ou perto deles, ou são eles que vivem com você? Mudanças nas condições econômicas contribuíram para a falência da família extensa, que incluía avós, tios e tias. Se você resistiu a essa tendência e ainda vive com seus filhos, pode ter problemas. Às vezes, falamos com a esposa, o pai, o filho ou o irmão da maneira ou com o tom de voz que adotamos para falar com conhecidos ocasionais. Se você mora com seus filhos, tente pensar neles como amigos.

Swift deve ter visto pessoas idosas adulando servilmente a crianças. Quando eu ficar velho, disse, "não serei todo baboso nem muito durão com as crianças". As crianças pequenas de hoje, demonstram livremente seus sentimentos, e você logo aprenderá se elas ou seus pais gostam do que você faz. Mas, se as crianças gostarem de sua companhia, elas são uma gostosura. Tomar conta delas pode ser uma das atribuições dos avós, ou então funcionar como uma ocupação de tempo parcial para velhos que precisam ganhar dinheiro ou preencher o seu tempo.

Se faz muito tempo que você não tem contato com crianças, não espere que elas, de cara, se apaixonem incondicionalmente por você. Elas têm narizes, olhos e ouvidos aguçados, e podem achar os velhos muito diferentes das pessoas que vêem comumente. Precisam de tempo para aprender a gostar de você, e você deve ajudá-las nessa empreitada. Alguns bons programas de televisão podem ser úteis como modelos de atuação, para velhos que pretendam ter um bom contato com as crianças. Um pequeno repertório de lances de jogo de barbante, dobraduras, truques de mágica, cuidadosamente cultivados, lhe conferirão *status*. Piadinhas, rimas e adivinhas darão o tom de uma conversação jovial. Jogos de adivinhação e jogos de cartas ajudam. Nunca se conta boas histórias para as crianças, com a freqüência que elas gostariam. Se possível, incursione pela instrução — ensine às crianças poemas e canções simples. Acima de tudo, saiba ser discreto; quando as crianças estiverem se divertindo, brincando entre si, deixe-as sozinhas. (O mundo muda. Esteja preparado para surpresas, quando vir do que as crianças de hoje em dia são capazes.)

9. Estar bem consigo mesmo

Estar bem com o mundo, sofrer menos por causa do esquecimento e da confusão do pensamento, trabalhar e usar seu tempo de maneiras mais interessantes, viver em áreas mais agradáveis e estar bem consigo mesmo, mais do que com os amigos — essas são coisas a *fazer*. Mas, e seus *sentimentos*? Embora se diga que os velhos não têm sentimentos intensos, eles nunca se livraram da reputação de terem ressentimento, ciúme, medo, depressão e outros sentimentos que não gostaríamos absolutamente de ter. O que acontece com os sentimentos agradáveis? Há alguma razão para que estejam fora do alcance dos idosos?

Se você fosse ao médico e dissesse que não está se sentindo bem, ficaria muito surpreso se ele meramente aconselhasse: "Sinta-se melhor", e o mandasse de volta para casa. Não obstante, é assim que muita gente lida com outros tipos de sentimentos. Se você conta a amigos que está deprimido, é bem possível que digam "Anime-se". Se no caminho para o aeroporto, você faz um comentário sobre as más condições do tempo para decolagens, poderá ser aconselhado com um "não se preocupe". Pode ser que fique mais animado ou mais preocupado porque alguém teve a delicadeza de dizer "anime-se" ou "não se preocupe", mas essas ordens não são das que podem ser obedecidas. A exemplo de nosso título — *Viva Bem a Velhice* — esses vocativos são bons votos. E não lhe serão muito úteis, a menos que faça algo para torná-los verdadeiros.

Ao invés de simplesmente lhe dizer para se sentir bem, seu médico lhe recomendará fazer mais exercício, reduzir gorduras saturadas, seguir suas prescrições e tomar um remédio tantas vezes ao dia. Essas coisas estão mais destinadas ao fazer do que ao sentir; mas, ao fazê-las, é provável que você se sinta bem. Importa muito mais *o que* você sente do que *como* se sente. Seu médico ensinou-lhe como ter um corpo que se sente bem. Algo dessa natureza é responsável por outros tipos de sentimentos. Quando a princípio dissemos: "Viva bem a velhice", você poderá ter sentido vontade de responder — "Eu viveria se você transformasse a velhice em algo agradável". E, a exemplo do médico, devemos ir além de dizer-lhe como sentir-se. Nós devemos dizer-lhe como mudar o que é sentido.

Poder-se-ia dizer que o médico vai direto ao sentimento quando lhe prescreve um remédio que faz com que melhore, sempre que adoece. Os americanos tomam bilhões de pílulas por ano para sentirem bem-estar, mesmo quando suas vidas permanecem desgraçadas. Pela mesma razão, e sem a ajuda do médico, aderem ao álcool, à maconha, à cocaína e à heroína. Com certeza somos livres para agir assim, mas é melhor política altera *o que* sentimos, mais do que *como* sentimos. Assim como a aspirina pode curar uma dor de cabeça, sem curar a condição por ela responsável, também os remédios que fazem você se sentir bem podem impedi-lo de atacar as condições que o fazem se sentir mal. Você pode sentir-se bem, melhorando o que sente.

A depressão é um bom exemplo. Ela tem sido apontada como a doença mental prevalecente em pessoas de mais de sessenta e cinco anos. Se sua depressão é devida a doença física, procure tratamento para essa doença, mas você também pode sentir-se deprimido, como vimos, simplesmente porque não consegue mais fazer várias das coisas de que gostava. Talvez gostasse de conversar, mas já não tem com quem falar. Talvez gostasse do interior, mas está confinado na cidade. Arranjar alguém com quem conversar, ou um jeito de ir para o interior, será melhor do que ficar sozinho na cidade tomando Valium.

Nos capítulos iniciais, chamamos a atenção para alguns dos sentimentos associados com as várias coisas que você faz ou não consegue fazer — sentimentos que, com freqüência, poderiam ser mudados, ao se fazer as coisas de modo diferente. Se você não se move com facilidade no mundo em que vive (Capítulo 3), sentir-se-á desnorteado ou perdido; poderá sentir-se bem, se descobrir novas maneiras de contatar esse mundo, ou se criar um mundo menos problemático. Se se esquece das coisas e não pensa com clareza (Capítulos 4 e 5) poderá ficar embaraçado, ou sentir que está ficando maluco. Não será ajudado por alguém que lhe diz "não seja bobo"; você precisa achar ou criar um mundo em que possa atuar de modo mais sensível. Se não tem nada para fazer (Capítulos 6 e 7), sentir-se-á desligado e deprimido, mas simplesmente resolver sentir-se ativo e animado não é suficiente;

você tem de encontrar coisas interessantes para fazer. Se não tem facilidade para fazer amigos (Capítulo 8), poderá sentir-se solitário ou indesejável, mas não basta apenas resolver ser mais cordial. A solução óbvia é tornar-se uma pessoa mais tratável, ou então encontrar amigos que o apreciem tal qual é. Em todos esses exemplos, você muda os seus sentimentos, mudando o que é sentido. Você o faz, porém, apenas se mudar as condições responsáveis pelo que é sentido.

Com freqüência os velhos são perturbados por sentimentos não tão estreitamente associados às condições que levantamos. Seguem-se alguns exemplos.

Raiva

Há um tipo de raiva que provém do fracasso. Você sentirá raiva por não conseguir enfiar a agulha ou porque a torneira continua pingando, apesar de tê-la fechado com força. A raiva não leva a nada; não enfia a agulha nem faz a torneira parar de pingar. É melhor arranjar um enfiador de agulha, ou uma agulha de buraco maior, e colocar um courinho novo na torneira. Essas sugestões são dolorosamente óbvias, mas os princípios que representam estão longe de serem óbvios. Não lute contra a raiva. Controle-a, controlando suas causas. Se está exasperado com seu senhorio, não tente gostar dele. Esclareça o problema que há entre vocês ou mude-se. (Um tranqüilizante pode ajudar, mas, por outro lado, o impede de resolver o problema da melhor maneira.) Se acha que fica com raiva com mais freqüência do que de costume, talvez seja porque seus problemas são mais difíceis de resolver.

Você estará mais capacitado a resolvê-los, se reconhecer sua fonte — não a disposição para a raiva de um velho, mas o mundo em que os velhos vivem. Os velhos às vezes sentem raiva ou ressentimento dos jovens porque eles se curtem, de maneiras que são vetadas aos velhos. É pedir demais aos velhos, esperar que gostem dos novos privilégios dos jovens; eles devem encontrar maneiras de descobrir e usufruir dos privilégios de serem velhos. Ao fazerem tal coisa, poderão até descobrir que os jovens os invejam por algumas das prerrogativas da velhice.

Amor sexual

A atividade sexual, tão explicitamente descrita em romances e retratada em filmes, quase sempre envolve pessoas jovens. Uma cena de amor entre duas pessoas que já passaram da meia-idade, provavelmente será vista como impossível ou ridícula. Não excitará os leitores ou as platéias porque dificilmente eles acreditariam na excitação de seus protagonistas. Presume-se que os anos de ouro devem ser dourados por outros motivos.

É talvez apenas natural que a atividade sexual dos idosos seja relativamente infreqüente. Não há conseqüências genéticas que justifiquem uma inclinação das mulheres a serem sexualmente ativas, já que não podem mais ter filhos, mas os homens tendem mais a permanecerem sexualmente ativos. Entretanto, não podemos aceitar como sempre verdadeira a crença comum veiculada pela afirmação de Hamlet à sua mãe, a respeito do casamento dela com o tio de Hamlet:

Você não pode chamar isso de amor,
pois em sua idade, o ímpeto do sangue
está domado, ele está subjugado,
E é servo do julgamento.

O sexo nem sempre é algo de que os velhos devem desistir para evitar críticas. Eles precisam de ajuda. O teólogo Paul Tillich argumenta que a pornografia poderia ser justificada, com base na possibilidade de estender a sexualidade à velhice. Além do mais, quando a vida não é mais muito excitante, lemos livros excitantes e assistimos filmes e peças picantes, e quando a vida não é mais muito alegre, lemos livros e engraçados e assistimos a filmes e peças engraçadas. Quando nossa vida deixou de ser erótica, por que motivo não leríamos livros eróticos e não veríamos filmes e peças eróticas? Nós não só nos identificamos com os personagens dos livros ou filmes, como respondemos, à nossa maneira, ao que eles respondem a seu modo.

Ficamos excitados porque os outros ficam, e em função daquilo que os excita. Rimos com eles e com as coisas que os divertem, assim como compartilhamos de sua excitação sexual e somos excitados sexualmente pelas coisas que os excitam. Certamente não nos excitamos, alegramos ou interessamos pelas mesmas coisas. Se perdemos o interesse por sexo, podemos alegar que ganhamos a vantagem de sermos menos arrastados por paixões fortes; por conseguinte, estamos menos sujeitos a problemas.

Os velhos evidentemente têm mais sucesso na manutenção de relações afetivas do que os mais jovens. Quando um casal jovem se divorcia quase ninguém presta atenção. O divórcio de um casal de velhos ganha os jornais, com uma história enfatizando os anos de casamento que deixam para trás.

É péssimo que as relações afetivas entre pessoas de diferentes idades sejam vistas como inusitadas. Não é fácil enxergar o que há de errado quanto ao afeto entre pessoas de idades diferentes, mesmo que seja recíproco. Todo mundo acha que o amor dos pais pelos filhos, e destes por aqueles, é altamente louvável — na medida em que não inclui o componente sexual. Seguramente, as relações íntimas entre pessoas de idades diferentes em geral são devidas a outros tipos de conseqüências, com freqüência financeiras, mas não devem tender a gerar culpa por associação.

Medo

Os velhos têm muita coisa a temer. Compreensivelmente, a doença é uma delas. Como já se disse, quando se está correndo o risco de ser preso, qualquer batida na porta soa como um alarme. Uma doença é uma batida na porta. Mesmo os sintomas triviais são assustadores. Esquecer um nome familiar pode parecer o início da senilidade. (Na verdade, apenas 2 a 6% das pessoas de mais de 65 anos sofrem de demência senil.) O medo é particularmente perigoso, se você tem pavor de descobrir que está realmente doente. É possível eliminar o medo apenas com um diagnóstico, e se necessário, um tratamento. Em grande parte, isso também é verdadeiro em relação a preocupações de ordem financeira. É melhor saber se temos dinheiro suficiente para sustentar nosso atual estilo de vida, ou se devemos viver com mais parcimônia, do que continuar como estamos, e preocupados com o futuro.

Desconfiança

Quando se tem dificuldades auditivas, facilmente se pode imaginar que os outros estão falando da gente. Quando não mais se enxerga bem, é fácil supor que alguém está rindo de alguma confusão arranjada por nós. A vida diária pode ser um quebra-cabeça. O cardápio apresentado pelo garçom parece ter itens demais, difíceis de enxergar, e examiná-los de perto pode chamar a atenção. Os balconistas podem tirar vantagem, se você acidentalmente lhes dá dinheiro a mais. ("Eu lhe dei uma nota de quinhentos ou de cinco mil?") Ainda não foi inventado um remédio contra a desconfiança. De toda maneira, você desconfiaria dele. A desconfiança o torna perigosamente vulnerável a qualquer pessoa.

Simplificar sua vida é uma solução óbvia. Insista em deslocar-se em seu próprio ritmo. Você tem razão de suspeitar dos que falam muito depressa. Nunca se fie em sua memória. Se reduzir o número de ocasiões em que as pessoas podem tirar vantagem de você, tenderá a ser menos assaltado por suspeitas. (E quanto melhor viver sua vida, menos chance os outros terão de falar por trás de você.)

Desamparo

A perda de controle sobre as funções corporais pode ser humilhante, devendo-se tomar todas as precauções possíveis contra isso. Outros embaraços podem ser resíduos de um treino precoce que deixou de ser aplicável. No passado você foi ensinado a não perder tempo; agora as pessoas têm de esperá-lo, porque anda muito devagar. Você aprendeu a não ser maleducado ou arrogante; agora percebe que não ouviu o qué alguém lhe disse, ou que não deu a mão a alguém que tentou cumprimentá-lo. Você foi ensinado a ser generoso; agora não tem muito a dar aos outros. Mas as antigas sanções já não se aplicam e não há razão para se sofrer por esses deslizes. Alardeie suas imperfeições, se necessário, mas sempre aceitando-as como um grau de desamparo que deve ser tolerado por todos.

Algumas questões não são fáceis de serem respondidas. Até que ponto você deve aceitar tranqüilamente a oferta de um banco no ônibus, ou ajuda para carregar pacotes, ou ainda um braço para atravessar a rua? Como se deve lidar com a maneira condescendente de alguém que lhe dá instruções ou informações detalhadas, como se você fosse uma criança de dez anos? Enfrenta-se o mesmo problema, diante do encorajamento exagerado de amigos bem-intencionados que, a exemplo de professoras de jardim de infância lidando com seus aluninhos, lhes dizem — "Como você sabe fazer direitinho!" (Por certo, ao invés de acrescentarem — "Você está ficando mesmo um meninão!", eles acrescentariam — "Você está ficando mesmo um velhinho!") Nesses casos, não há nada a fazer. Talvez uma dose de verdadeira humildade seja a resposta à humilhação.

Em todos esses exemplos, o que as pessoas sentem é subproduto de sua atuação e das circunstâncias em que atuam. Ao invés de tentar sentir diferentemente por algum ato de vontade, é melhor mudar o que é sentido, alterando-se as circunstâncias responsáveis por isso.

10. "Um final necessário" — o medo da morte

As pessoas às vezes se reconciliam com uma velhice infeliz com o mote "é melhor ser velho que ser morto". Em *Measure for Measure*[1], Shakespeare diz isso da seguinte maneira:

A vida terrena mais desgastada e mais odiosa,
Que a idade, a dor, a penúria e o isolamento
Podem impor à natureza, é um paraíso
Confrontada com nosso temor pela morte.

Não obstante, é duvidoso que o medo da morte torne a vida consideravelmente mais agradável. Grande parte do problema é representado pela incerteza. Não aprendemos por experiência pessoal, a enfrentar nossa própria morte. Podemos ter visto outros morrerem, mas é diferente. Também já ouvimos ou lemos o que os outros têm a dizer sobre a morte, mas sua informação não é melhor do que a nossa.

As religiões tentam responder à incerteza de várias maneiras. Em algumas, como o budismo, a morte é

---

(1) *Medida por Medida* (comédia). (N. T.)

um momento de grande iluminação. Em outras, como o judaísmo, ela é simplesmente um fim, após o qual sobrevivemos apenas na reverência da memória, se tanto. Em outras ainda, como no cristianismo, a morte é a hora do julgamento e da atribuição de punições e recompensas num outro mundo. O medo varia proporcionalmente. O zen-budismo transforma o samurai num grande guerreiro, por libertá-lo do medo da morte. Os cristãos que têm certeza da existência de uma vida futura, compartilham dessa liberdade, mas os que não têm essa crença, nem fé nos ensinamentos recebidos, ficam amedrontados.

Se sua religião ou filosofia lhe deram uma resposta, nada do que diremos aqui lhe interessará. Contudo, na medida em que o medo da morte pode afetar seriamente o viver bem a vida, algumas observações poderão lhe ser úteis.

A biologia da morte é extremamente simples. O corpo humano tem grande capacidade de auto-renovação, e dura um tempo extraordinariamente longo, ainda que desempenhe um papel relativamente modesto na evolução das espécies. No que tange aos interesses das espécies, os indivíduos devem viver apenas os anos em que procriam e possivelmente cuidam de seus filhotes. Depois disso eles se tornam inúteis — mais pesos mortos do que inúteis, visto que ocupam espaço e consomem benefícios necessários aos que ainda estão se reproduzindo.

Emergiu um diferente papel, quando a espécie humana capacitou-se para a divisão da propriedade e a transmissão de informações de um indivíduo para outro. Então, os que não são mais reprodutores da espécie, seguem apoiando, aconselhando, ensinando e ajudando de vários modos aqueles que ainda o são. O papel do indivíduo passa a ser muito mais importante na evolução da cultura do que da espécie. Porém, as vantagens para a cultura não têm sido suficientemente reconhecidas, a ponto de induzir as mudanças genéticas que permitiriam ampliar a vida. Os corpos se desgastam com o uso, e mesmo a melhor das velhices um dia chega a seu fim. Antes que isso aconteça, são possíveis algumas providências práticas. Se executadas apropriadamente, poderão dar-lhe a satisfação de saber que o que é seu irá para as pessoas certas. Você pode estender a vida de pelo menos uma parte de si, doando em vida seus órgãos ainda intatos para futuros transplantes.

Provavelmente é melhor não pensar na morte. Como Franklin Delano Roosevelt não disse exatamente, a única coisa que devemos temer da morte, é o medo da morte que nos impede de viver bem nossas vidas. Se, depois da morte, você vier a ser recompensado ou castigado pelo que fez em vida, e se não está bem seguro de como será, talvez deva tomar cuidado para não ficar sempre lembrando "que um dia morrerá" (*memento mori*), sob pena de provavelmente desfrutar menos sua vida. Se, por outro lado, você aceita a palavra do Eclesiastes, segundo a qual "não há melhor coisa sob o Sol, do que comer, beber e alegrar-se", quererá deixar a questão da morte para ser respondida apenas quando necessário.

... morte, um final necessário,
Chegará quando chegar[2].

(2) *Júlio César.* (N. T.)

Há estratégias que podem ajudar. O que dá medo não é a morte em si mesma, mas o ato de falar e pensar sobre ela — e é isso que deve deixar de ser feito. Quando entediado com uma conversa você muda de assunto. Quando zonzo por causa de uma melodia, você troca a melodia. É mais fácil mudar, se o novo assunto é mais interessante que o velho, ou se a nova melodia é mais agradável. Da mesma forma, você desvia a atenção do assunto morte. Infelizmente, a maior independência hoje valorizada pelos velhos, com freqüência tem provocado a sua agregação a outros velhos. Quando os avós viviam com ou perto de seus filhos e netos, constantemente viam pessoas mais jovens vivendo estilos de vida mais jovens. Agora, na Flórida, na Califórnia ou em asilos, há grande chance de que convivam só com velhos, entre os quais os tópicos favoritos de conversa são a morte e a saúde. Faça qualquer coisa para estar com pessoas mais jovens, pelo menos uma parte do tempo; além disso, tome a decisão inabalável de evitar falar sobre a morte com outros velhos. Ambas as providências ser-lhe-ão de grande valia.

Meditamos sobre a morte principalmente quando não temos nada para fazer. Meditamos muito menos, quando assistimos a um excitante programa de televisão, ou fazemos algo que nos interessa profundamente. Tudo aquilo que fizemos para tornar a velhice mais agradável, reduz o tempo que passamos temendo a morte. Quanto mais motivos tivermos para prestar atenção à vida, tantos menos teremos para pensar na morte. (Por favor, note que este capítulo é misericordiosamente curto.)

A partida

Se você julga verdadeiramente impossível viver bem sua vida, está fora do raio de alcance deste livro. Você está diante de um problema que as culturas ocidentais nunca resolveram. Poucos de nós queremos ser um peso para os outros ou viver sofrendo, mas se não conseguimos mais nos cuidar, ou não desfrutamos de boa saúde, pouco podemos fazer. Como Whitman, podemos vislumbrar a "deliciosa proximidade de libertação pela morte". Mas só vislumbrar é legal. Muita gente tem sinceramente desejado morrer — por sua própria iniciativa, ou pela iniciativa de outrem — mas a sociedade não facilita a morte. Ao contrário, sempre opõe à morte o uso de remédios, como a heroína, que não apenas aplacam as dores dos doentes terminais, mas também permitem que se sintam melhor, dentro dos limites de suas possibilidades.

A sociedade condena os suicidas, em geral por razões religiosas, embora muitas pessoas respeitem os velhos que escolhem essa maneira de partir. Ajudar as pessoas a cometer suicídio, mesmo só descrevendo como fazê-lo, é usualmente ilegal. (Na Inglaterra, uma sociedade interessada em eutanásia divulgou um guia de suicídio, mas apenas para os membros filiados há pelo menos três meses, e com mais de cinqüenta e cinco anos de idade, os quais têm o cuidado de não divulgá-lo a outrem. Um livro similar causou furor na França.) Ajudamos um velho cão a morrer de um modo chamado de humano — ironicamente, pois isso é negado a seres humanos muito velhos que, por estarem sofrendo em demasia, ou se sentindo um peso morto para os outros, ficariam felizes se pudessem

118

morrer caninamente. O máximo que se pode fazer, com efeito duvidoso, é instruir previamente as pessoas que cuidam de você, a não tomarem nenhuma providência excepcional para mantê-lo vivo.

11. O papel de velho

O mundo é um palco, e você não é o primeiro a desempenhar o papel de velho. A platéia já viu a peça milhares de vezes e conhece suas marcações melhor do que você. O papel que se espera que desempenhe não é lisonjeiro. Os Velhos que pisaram o palco antes foram excêntricos, mesquinhos, jactanciosos, chatos, exigentes e arrogantes. Queixavam-se de doenças e muito mais. Você se surpreenderá de ver como é fácil desempenhar desse modo esse papel. A platéia espera tal atuação e, como uma criança ouvindo uma história na hora de ir para a cama, não tolerará muitas mudanças. E assim como uma platéia rirá com tudo o que um grande comediante disser, ela também interpretará o menor de seus gestos como uma hábil caracterização de um personagem familiar, e usualmente desagradável.

Seria errôneo supor que o papel representado por você, necessariamente representa o que você é na realidade. Quando expostos às mesmas circunstâncias, os jovens apresentam os mesmos traços que os velhos, e se certas características parecem marcar especialmente o idoso, é porque — para ele —, as circunstân-

120

cias que lhes dão origem são mais freqüentes e constrangedoras. Esse ponto é importante, por razões práticas. Se os traços de mesquinhez, jactância e outros são inatos, e simplesmente emergem na velhice, não há quase nada a fazer, mas se sua freqüente presença pode ser atribuída a aspectos especiais do mundo dos velhos, o problema é mais fácil de ser resolvido. Se você não está representando o seu próprio personagem, mas meramente sendo um bom ator, sob circunstâncias diferentes poderá desempenhar um diferente papel, de maneira convincente.

Alguns exemplos

De fato, os velhos com freqüência são mesquinhos. Em geral dão provavelmente menos gorjeta do que pessoas mais jovens, pechincham mais e dão presentes mais baratos. No entanto, é também provável que não ganhem muito, e o que pouparam ou recebem de aposentadoria esteja sendo corroído pela inflação. Não é fácil para eles pagar cada vez mais caro pela mesma comida no supermercado, ou um aluguel cada vez mais caro pelo mesmo apartamento. Um outro motivo da mesquinhez é igualmente válido para os ricos. A honestidade nos preços foi algo que o velho aprendeu quando era jovem. Uma ação que agora é chamada de mesquinha não terá sido classificada assim no passado, quando se instalou. Assim como os velhos continuam usando expressões e roupas fora de moda, continuam também a dar dar quinhentos cruzeiros ao camareiro do hotel, enquanto os outros já estão dando cinco mil. Se você deseja dar roupagens modernas ao papel de Velho, deve aprender novas marcações e novas técnicas de interpretação.

Com freqüência os velhos são chamados de chatos, por falarem demais sobre o passado. À época em que o velho e seu interlocutor eram ambos jovens, aqueles eram os dias atuais, e falar sobre eles significava falar sobre eventos correntes. Agora, quando o velho fala sobre eles, dá a impressão a seus jovens ouvintes, de estar se referindo a uma antiga história. A não ser que você seja um excelente contador de histórias, seus jovens amigos não acharão sua história tão interessante quanto você. Talvez deva estabelecer uma data limite. Exceto se solicitado, não fale sobre experiências pessoais que se passaram há mais de uma década.

Os velhos também são chatos porque compartilham poucos interesses com as pessoas com quem têm mais contato. Quando jovens, escolhiam seus amigos principalmente em função da comunhão de experiências e interesses. No trabalho, falavam com seus companheiros sobre problemas comuns. Participavam de organizações relacionadas com seus interesses especiais. Porém, perderam a maioria dessas oportunidades de compartilhar interesses ao se aposentarem e passarem a viver com os filhos, ou em asilos, ou em climas mais quentes, onde seus vizinhos são escolhidos por corretores de imóveis. Uma solução é procurar pessoas com as quais se possa discutir coisas mutuamente interessantes.

Os velhos são chatos, ainda, porque tendem a se repetir. (Swift resolveu "não repetir a mesma história às mesmas pessoas".) Os jovens também repetem uma boa história, quando encontram uma nova audiência. Por sua vez, os velhos contam muitas e mui-

122

tas vezes a mesma história, mas continuam dispostos a contá-la de novo à mesma audiência. Além disso, são mais propensos a esquecer que já a contaram. Quando algo o remeter para uma de suas histórias favoritas, ponha-se a salvo perguntando se já a contou antes, e deixe claro que realmente deseja saber isso. É fácil ser transformado num chato, por aqueles que, em respeito à sua idade, lhe dão uma falsa impressão de sucesso. Seus acenos de cabeça e sorrisos encorajam-no a prosseguir. Eles o mandariam passear, se você estivesse num palco de verdade, mas polidamente permitem que acabe de falar. Você não terá uma platéia tão grande na próxima atuação. O convidado de casamento sem dúvida fica feliz por encontrar-se de novo com o Ancient Mariner, mas nem todos temos os dotes literários de um Coleridge[1]. A cortesia e o respeito devidos aos idosos contribuem para um outro traço de chatice — o grande fôlego para conversar. O jovem deixará você falar sem parar. *Tenha consideração com as concessões que merece por ser velho.*

Os velhos *chateiam* os outros quando falam de suas doenças. Em geral, esses outros são pessoas jovens. Cirurgias e os últimos avanços da Medicina são fascinantes, mas usualmente só para seus beneficiários. Quanto mais viver, mais terá desses assuntos para falar. E há uma outra razão pela qual os temas

---

(1) O "Velho Marujo" é um famoso poema fantástico de S. T. Coleridge (1722-1834), constante do livro *Lyrical Ballads* (1798), em que o imaginário e o fantástico se mesclam no relato de feitos e aventuras passadas, de modo a prender de modo especial a atenção do leitor. (N. T.)

sobre doença são tão freqüentemente introduzidos. As pessoas falam sobre o tempo, não porque ele seja em geral importante, mas para preencher uma pausa muitas vezes embaraçosa. As doenças dos velhos são sempre e em geral dolorosas, detectadas como situações de emergência, e o cumprimento "Como vai?" chama a atenção para elas.

A melhor maneira de se evitar falar sobre doença, certamente é não ficar doente, mas talvez isso seja pedir demais. É necessário ter uma boa razão para não falar sobre isso. O estoicismo dos que não reclamam de dores extremas deve ser enaltecido. Será que você é aquele famoso velho que nunca fala sobre dores e doenças? Se for, perceberá que não só é mais altamente respeitado, como também mais freqüentemente bem recebido, como uma boa companhia.

Com freqüência se diz que os velhos são bazofiadores. Eles não se decidem a:

... não falar como parvos ou como loucos,
Bazofiando acobertados pelos privilégios da idade,
Sobre o que fizeram quando eram jovens ou que
/fariam
Se não fossem velhos[2].

As conspícuas imperfeições da velhice são uma desculpa sempre à mão para fracassos correntes, e é fácil para os velhos vangloriar-se de feitos passados, porque não podem ser solicitados a prová-los. Uma

(2) *Much ado about nothing* (*Muito barulho por coisa nenhuma* — comédia). (N. T.)

velhice com mais sucessos seria a solução — a menos que certamente você comece a vangloriar-se em demasia, de seus sucessos no manejo da sua velhice. Os velhos têm inclinações moralistas. La Rochefoucauld aponta uma razão: "Os velhos se consolam em dar bons conselhos, porque são incapazes de dar maus exemplos". Mas há uma razão melhor. O problema, mais uma vez, é que os velhos agem de maneira antiquada. Quando eram moços, conseguiam impressionar as pessoas, criticando os contemporâneos que violavam os padrões prevalecentes. Agora, ao menos com o jovem, a crítica baseada nos mesmos padrões tem pouco ou nenhum efeito, exceto o de transformar o crítico num companheiro menos bem recebido. É melhor aceitar os jovens com seus próprios padrões, mesmo que você continue a pautar sua vida pelos seus.

Sumário

Fazer citações errôneas é uma das prerrogativas da velhice, e delas faremos uso para resumir: nunca é tarde demais para converter a velhice num território —

Onde as pessoas ficam velhas, mas não beatas e
/solenes,
Onde as pessoas ficam velhas, mas não velhacas
/e sábias,
Onde as pessoas ficam velhas, mas não ferinas[3].

(3) William Butler Yeats — *The Land of Heart's Desire*. (Versão aproximada.) (N. T.)

125

Você achará estes comentários sem importância, se admite a velhice como uma época da vida em que se conquistou o direito de ser controvertido. Várias pessoas já afirmaram, "graças a Deus eu já não preciso agradar a todos!". Mas essa é uma atitude perigosa. Os jovens assumiram essa atitude em relação aos mais velhos, nos anos 60, e os vagabundos e andarilhos em relação a todo mundo, por milhares de anos. É questionável que renda algum dividendo. A cultura dos anos 60 não durou, e poucas pessoas têm atração pelo submundo. Alguns poucos velhos obtêm sucesso quanto a transformar-se em "personalidades" desagradáveis, especializando-se num modo especial de serem desagradáveis: são excêntricos, mas não mesquinhos, ou mesquinhos mas divertidos. A velhice tem suas liberdades, mas a liberdade da crítica não é certamente uma delas.

Expor dessa forma algumas das características desagradáveis dos velhos, não significa desculpá-los. Ao longo deste livro, viemos afirmando, não exatamente como Shakespeare, que, "O defeito, caro Brutus, não está em nossos destinos, *nem em nós mesmos*, posto que lhes somos subalternos. Ele reside no mundo em que vivemos". O que não nos permite concluir que estaríamos isentos de críticas por nossas faltas. Isto corresponderia a dizer que um delinqüente juvenil não deve ser punido, porque sua delinqüência é determinada por um ambiente anterior deletério. A crítica e outros tipos de punição são modos tradicionais de provocar mudanças nas pessoas, e devem continuar sendo usados até que sejam encontradas melhores formas de fazê-lo — quer dizer, até que o ambiente do jovem se torne menos destrutivo, e o do velho mais aperfei-

126

çoado. Consideramos os vários aspectos desse mundo, não para tornar os velhos imunes às críticas, mas para ver como ele pode ser alterado, para que então a crítica se torne desnecessária.

12. A grande atuação — a dignidade e a beleza da velhice

Alguém, e não foi Shakespeare, disse que a vida é uma peça teatral com um último ato muito mal escrito[1]. Talvez por isso seja tão difícil apresentar, nesse ato, uma grande atuação. Quando desempenhado com habilidade, o papel de Velho é marcado por tranqüilidade, sabedoria, liberdade, dignidade e senso de humor. Quase todo mundo gostaria de atuar dessa maneira, mas poucos têm coragem de tentar. A maioria acha que houve má distribuição dos papéis. Mas, seriam tais traços característicos de alguns poucos e excepcionais velhos, ou seriam traços de pessoas comuns, sob circunstâncias excepcionais? Se esta última for a hipótese verdadeira, que tal alterar as circunstâncias de modo que todo mundo, ao desempenhar o papel de Velho, apresente a melhor das atuações?

---

(1) Foi Cícero.

Tranqüilidade

Grosso modo, serenidade é um sinônimo de *tranqüilidade*, com freqüência usado com referência a coisas — "a gema do mais puro e sereno fulgor", de Gray, é um exemplo — mas ambas as palavras há muito tempo vêm sendo usadas para descrever um sentimento ou estado da mente. Porém, a condição essencial a que se referem está no exterior da pessoa. O mundo à sua volta precisa estar tranqüilo, antes que a maioria dos velhos possa desfrutar de tranqüilidade. Um mundo tranqüilo não será aquele em que os velhos não precisam fazer nada. Trabalharão menos, mas continuarão ainda a gostar de fazê-lo. Como disse Emerson, a velhice é o tempo de arriar as velas, mas não de ficar à deriva.

Por vezes a tranqüilidade é considerada como um estado em que os velhos vivem recolhidos a si mesmos — por exemplo entregues às suas memórias. Eles certamente têm mais lembranças a reviver do que os jovens, e mais tempo para tanto, mas gostar ou não gostar delas depende de seu conteúdo. Uma velhice devotada ao remorso ou ao arrependimento não é agradável. Como reconheceu Leigh Hunt, vale a pena lembrar episódios felizes:

Diga que eu estou desgastado, diga que eu estou
/triste,
Diga que a saúde e a riqueza me abandonaram,
Diga que estou ficando velho, mas digam que
Jenny me beijou.

Todavia, a lembrança dessas coisas não mantêm ocupados a maioria dos velhos por muito tempo.

Certamente eles se orgulham de suas empreitadas bem-sucedidas e das boas amizades que angariaram. São verdadeiras realizações — as coisas que fizeram. Infelizmente, não são realizáveis neste momento. Instar pessoas idosas a ficarem felizes consigo próprias, por se lembrarem das coisas boas de suas vidas, é como tentar ajudar um homem jovem deprimido, dizendo-lhe — "Olhe quanto coisa você conquistou: uma esposa adorável, crianças felizes, um lar agradável, situação financeira estável". O problema é que ele já as conquistou. O que precisa é de algo para fazer agora. Tentar ser mais feliz "recolhendo-se à tranqüilidade" de seus dias mais felizes, é o mesmo que tentar "ter o fogo em suas mãos, pensando no gelado Cáucaso". Ai de mim, "o conhecimento do bem só faz sentir mais fortemente o mal".

Ficar calmamente inativo pode resolver alguns problemas, mas não fazer absolutamente nada é como adormecer quando se está correndo o risco de morrer enregelado; você sobreviverá apenas se encontrar um jeito de permanecer ativo. Talvez só muito tardiamente na vida, os velhos consigam ficar especialistas em tranqüilidade.

Sabedoria

Nem todo mundo se deita e se levanta cedo, mas quase todos nós desejamos ser saudáveis, fortes e sábios. Vamos deixar a saúde e a força para outros. O que podemos dizer sobre a sabedoria? Certamente é uma das qualidades com mais freqüência admirada nos velhos, em parte justamente porque são velhos.

Faz muito tempo que estão por aqui. "Não nasceram ontem." São maduros, árvores velhas. "Conhecem o caminho." O nome do corpo de governantes em Roma era *senatus*, de *senex*, que significa "velho", e várias religiões referem-se aos que nelas detêm posições importantes, como seus "anciãos".

Infelizmente, o progresso tecnológico roubou-nos a todos, velhos e jovens, a possibilidade de servirmos como repositórios de sabedoria. Em *Fedro*, de Platão, Thamus lamenta a invenção do alfabeto. Doravante, disse ele, as pessoas parecerão conhecer as coisas somente por terem lido sobre elas. A raça humana não teria ido tão longe se tivesse se restringido ao conhecimento pessoal, mas, por assim dizer, ela tem empurrado o conhecimento quase que completamente para fora das cabeças e para dentro dos livros — e agora, com certeza, para dentro dos computadores. Antes da invenção da escrita, e depois da imprensa, o conhecimento era transmitido oralmente, e principalmente do velho para o jovem, mas isso mudou. Os jovens não mais recorrem a velhos artesãos, para aprender suas técnicas; vão a escolas técnicas ou de agricultura. Não mais ouvem os trovadores, para aprender a história de sua raça ou nação; lêem histórias. As palavras sagradas da religião, antes salmodiadas por homens consagrados, hoje são encontradas nas "escrituras" — pergaminhos e bíblias, pré ou pós-Gutenberg. As pessoas são necessárias apenas quando detêm conhecimentos não transmissíveis por intermédio de livros. Recorremos ao médico, e não ao livro, quando estamos doentes; a um violinista para estudar violino; a um pintor para aprender pintura e a um técnico desportivo para aprender um esporte. Outrossim, alguns velhos são especialistas em campos dos quais os livros ainda não deram conta total.

Provavelmente nossos netos não nos pedirão conselhos para a escolha de uma ocupação; falarão com conselheiros educacionais ou vocacionais. Nem sempre também, eles perguntam como era a vida quando você era jovem, sobre os engraçados velhos telefones, os antigos carros à manivela, as roupas gozadas que as pessoas usavam e seus modos absurdos de dançar — tudo isso pode ser visto em programas noturnos de TV. Talvez você possa ajudar a recontar um pouco os costumes da família ou a história não impressa da comunidade, mas terá poucos ouvintes.

A sabedoria mais valorizada nos velhos diz respeito `a velhice em si mesma. Se você realmente vive bem sua vida, a despeito de suas imperfeições, pode se considerar uma autoridade. As pessoas virão a você para aprender seu segredo — e você será avaro se não o revelar.

Liberdade

A velhice é festejada como uma libertação. Os velhos são apontados como libertos de paixões violentas, causadoras de tantos problemas em sua juventude, bem como livres da antiga compulsão por responsabilidades e ambições. Mas, liberdade demais, dessa natureza, pode ser um perigo. Cícero advertiu contra a renúncia exagerada de nossas prerrogativas: "A velhice só será respeitada se souber se defender, manter seus direitos, não ser subserviente a ninguém, mas sim, a regras".

O Rei Lear descobriu qual é o problema essencial. Doe seu reino a seus filhos e ficará ao relento, disse ele. É freqüente acontecer algo desse gênero a pessoas ricas, ao doarem sua fortuna aos filhos ou a fundações, para se libertarem de responsabilidades; a homens de negócios que passam o controle de seus negócios aos mais jovens; a figuras políticas, que se retiram em favor de sangue novo; e a cientistas, artistas, compositores e escritores que abandonam trabalhos em suas áreas, para favorecer a outrem. Talvez não venham a ser tratados de maneira tão vil como Lear, mas se surpreenderão com a velocidade com que serão esquecidos.

No entanto, a velhice pode ser desfrutada como uma época em que ficamos relativamente livres de várias responsabilidades, de emoções fortes e de ambições de domínio.

Dignidade

O general que mantém um porte elegante ao viajar num jipe em terreno acidentado, e a rainha que não faz o menor movimento ao ter seu pescoço respingado por champanha por um copeiro descuidado, são admirados por saberem manter a dignidade. Certas conseqüências finais adquirem precedência sobre distrações temporárias. Em certo sentido, os velhos estão sempre guiando um jipe sacolejante e sendo respingados por várias coisas. Alguns conseguem manter a dignidade.

A aparência do velho em geral é sentida como uma das indignidades da velhice. Se no passado você foi

133

atraente, lembrará a época em que as pessoas (particularmente as do sexo oposto) começaram a cruzar com você na rua, sem lançar-lhe um segundo olhar. Assim, não é surpreendente que, com freqüência, os velhos tentem parecer mais jovens. Mas, tentar parecer mais jovem só dificulta enfrentar a verdade quando você aparecer inquestionavelmente velho. Tentar parecer mais jovem ainda passa, mas *agir* como jovem é perigoso. Tentar pegar um ônibus em movimento, com a rapidez de alguém dez anos mais jovem, pode significar mais do que perda de dignidade. Alguém já disse que, na velhice, alguns dos prazeres da juventude só podem ser desfrutados sob risco de morte.

Se você é obviamente velho, é melhor ser um velho atraente. Se tem de usar peruca, escolha uma de cabelos parecidos aos de uma pessoa de sua idade. Afinal, cabelos grisalhos ou brancos são distintos, e combinam com qualquer cor de roupa ou gravata. Dentes são muito importantes, e a ortodontia não é só para adolescentes. Uma boa aparência é, em grande parte, uma questão de postura, e usualmente é possível melhorá-la. A artrite pode forçá-lo a andar encurvado, mas com freqüência esse problema é motivado por fraqueza muscular. Os ombros podem ser fortalecidos até certo ponto, e se de início isto requer um esforço deliberado, com o tempo acaba se tornando automático.

Quanto mais velhos, mais nos envaidecemos quando nos dizem que parecemos jovens. Aos catorze anos provavelmente gostamos de aparentar dezesseis, e aos dezesseis, dezoito, mas já no início da casa dos vinte, as coisas mudam de figura. Aos vinte e cinco anos não nos orgulhamos por aparentar trinta, nem aos sessenta queremos aparentar setenta. Se você realmente gosta da idade que tem, concordará que são falsos os elogios que o qualificam como mais jovem do que na verdade é. "Você não aparenta a idade que tem" é dito como um cumprimento, mas a resposta apropriada é — "Esta é a aparência de uma pessoa da minha idade". Tentar parecer mais jovem, às vezes dá certo. Mas, há uma boa razão para se perder a reserva e parecer, agir e falar de acordo com a idade que se tem — manter a dignidade.

Senso de humor

As vítimas de brincadeiras de mau gosto, feitas com objetos construídos com o fito de pregar peças, são induzidas a fazer coisas que têm conseqüências inesperadas. O acendedor de cigarros se desmonta todo quando é acionado; a lâmpada teima em acender de novo, toda vez que é apagada. É dessas brincadeiras, verdadeiras peças, que o mundo costuma pregar nos velhos. Você continua falando, num restaurante escuro, sem se dar conta de que seu amigo saiu da mesa para ir apanhar salada. Você entra numa conversa só para demonstrar que não está entendendo nada. Os outros acham graça nos seus erros. E você, também?

Todos conhecemos pessoas sem um pingo de senso de humor (certamente se nós próprios o perdemos, não notaremos sua ausência), mas há também aquelas para quem a vida é uma eterna piada. O senso de humor é um traço genético, ou é produto de experiência anterior? A questão mais relevante é se conseguimos adquiri-lo tardiamente na vida. Chegamos em casa depois de um dia em que tudo deu errado, contamos a nosso cônjuge o que aconteceu, num tom de lamúria ou de absurdo. Há uma grande diferença no resultado. Quando reclamamos, as coisas continuam dando errado, mas o humor do absurdo conduz o mau dia a um final agradável.

Com freqüência se diz que as coisas que chamamos de engraçadas são apenas versões mais suaves do que denominamos desagradável ou penoso. O escorregão de um jovem amigo pode ser engraçado, mas não se ele quebrar a bacia. A gramática estranha de alguém que fala inglês como sua segunda língua é divertida; a fala incompreensível é aborrecida. Um chiste é engraçado, até que encarado seriamente. Aí vira um insulto. O ponto exato em que algo passa de engraçado a perturbador depende da ocasião. Se você estava rindo, é mais fácil continuar rindo. É por isso que as audiências de *shows* de televisão supostamente engraçados, são induzidas a um estado de humor hilariante por um apresentador, antes do programa entrar no ar. Preparar as pessoas para acharem a velhice engraçada é difícil, sem dúvida, mas é possível acrescentar coisas engraçadas às suas vidas. Ler histórias divertidas, assistir programas humorísticos na TV, passar mais tempo com amigos divertidos — tudo isso é preferível à leitura de obituários ou de histórias sobre as tribulações da velhice.

As fraquezas reais da velhice devem ser encaradas seriamente, mas sempre que possível, deve-se cultivar o alívio resultante de enxergar seu lado engraçado. Talvez você possa começar praticando com episódios menos perturbadores. Se for bem-sucedido então, com um pouco de sorte, será capaz de rir das coisas que achava mais embaraçosas.

Uma boa velhice

Não importa quão bem o último ato tenha sido reescrito, ninguém desempenha o papel de Velho com bravatas. Você deve se satisfazer com uma atuação adequada. Num roteiro que funciona bem, você viverá relativamente livre de aborrecimentos, terá chances de fazer várias das coisas que aprecia e menos razões para fazer o que não gosta. O senso de humor dará conta de alguns aborrecimentos remanescentes. Seria mais fácil conseguir boa parte disso, se você tivesse se preparado quando era jovem. Tal preparo teria sido mais provável, se você tivesse olhado para a velhice que se prenunciava no futuro, não como algo a ser temido, mas como um problema a ser resolvido.

Aplausos para uma grande atuação?

No Capítulo 11 apresentamos algumas das condições que facilitam o desempenho do papel-padrão de excêntrico, mesquinho e moralizador pelo Velho. Fizemo-lo não para absolver os idosos da culpa por esses traços de caráter, mas no afã de tentar alterar as condições, de modo a propiciar-lhes oportunidade para uma melhor atuação. Suponha agora que você é dos que, por dispor de um melhor roteiro, vive uma vida caracterizada por tranqüilidade, sabedoria, dignidade e senso de humor. Ao atribuir seu desempenho ao roteiro, não estaria você roubando seu crédito pessoal? Será que o conseguiria de qualquer maneira? Se o erro for esse, caro Brutus, será que não pertenceria a si próprio, mas ao mundo em que vive, o crédito obtido?

Não se preocupe. As platéias sempre odeiam o vilão e adoram o herói. Você será admirado por sua atuação, não importa quão favoráveis sejam as circunstâncias. A admiração é uma das formas pelas quais a sociedade encoraja grandes desempenhos, e continuará aplaudindo, mesmo que o papel seja tão bom, a ponto de poder ser maravilhosamente desempenhado.

E se, por isso mesmo, você construiu o mundo que lhe permite viver uma vida tranqüila, digna e agradável, será duplamente admirado — não só por uma grande atuação, mas por ter escrito um último ato em que atua tão bem.

Apêndice.

(Nota sobre a linguagem usada neste livro)

A palavra comportamento foi usada pela primeira vez há cinco séculos, e desde então tem assumido e perdido vários significados especiais. Em *The Behavior of Organisms* (1938), propus a seguinte definição: "Comportamento é o que um organismo está *fazendo*". Seria melhor se o *Oxford English Dictionary* não precisasse de três grandes páginas de três volumes, para registrar a história, as formas e os significados da palavra *fazer*. Desde o início, porém, tem significado "realizar algum tipo de efeito, e esse é o sentido central da palavra *comportamento*, no moderno linguajar científico". Quer seja inato, quer adquirido, o comportamento é selecionado por suas conseqüências. Na seleção natural, as conseqüências são a contribuição do comportamento à sobrevivência das espécies. No condicionamento operante, a conseqüência eficaz é chamada reforçador. Ele fortalece o comportamento, no sentido em que torna sua ocorrência mais provável em ambiente similar. O condicionamento operante é estudado em laboratório, arranjando-se relações complexas e sutis entre o ambiente, o comportamento e a conseqüência.

É necessário um vocabulário técnico para se relatar os resultados de semelhante análise, bem como para se realizar uma aplicação técnica de seus princípios à vida diária. Ao mostrar como alguns desses princípios podem ser usados para resolver um problema prático, tal como viver bem na velhice, a linguagem cotidiana é suficiente. Não solicitamos a nossos leitores que se tornem especialistas em Análise Experimental do Comportamento. Para os curiosos, porém, eis alguns exemplos de expressões usadas neste livro, e seus termos equivalentes aproximados, que apareceriam numa análise mais rigorosa:

— Fazer coisas = *comportar-se*;
— Fazer o que se gosta = *comportar-se de maneiras positivamente reforçadas*;
— Fazer o que se tem de fazer ou se precisa fazer = *comportar-se de maneiras negativamente reforçadas*;
— Fazer o que se gosta de fazer = *comportar-se de maneiras que têm conseqüências momentâneas positivamente reforçadoras, não necessariamente relacionadas às conseqüências finais*;
— Pensar sobre = *comportar-se (talvez de modo encoberto) com respeito a*;
— Necessitar = *estar privado de*;
— Gostar = *ser reforçado por*;
— Saber como fazer alguma coisa = *ter um tipo particular de comportamento eficaz*;
— Saber sobre alguma coisa = *ter comportamento eficaz sob o controle de um estímulo discriminativo particular*.

São apenas equivalências aproximadas. Em sentenças típicas, os termos à esquerda nem sempre substituem claramente os da direita e vice-versa.

Ocorreria o mesmo com listas de equivalências em Física, Química ou Biologia.

Equivalências adicionais podem ser encontradas em meus livros *Science and Human Behavior* (Nova York: Macmillan, 1953) e *About Behaviorism* (Nova York: Alfred A. Knopf, 1974)[1].

— B. F. S.

---

(1) Ambos estão traduzidos para o português. O primeiro, *Ciência e Comportamento Humano*, por João Cláudio Todorov para a Ed. Universidade de Brasília, 1970, e o segundo, *Sobre o Behaviorismo*, por Maria da Penha Villa Lobos, para a EPU, São Paulo, 1980. (N. T.)